MANUELA RONCHI

Le RELAZIONI NON SONO PERICOLOSE

L'IMPORTANZA DELL'INCONTRO ALL'EPOCA DEI SOCIAI

A CURA DI **SIMONA RECANATINI**

PREFAZIONE DI **FEDERICO BUFFA**

GRIBAUDO

LE RELAZIONI NON SONO PERICOLOSE

TESTI: Manuela Ronchi
A CURA DI: Simona Recanatini
PROGETTO GRAFICO E IMPAGINAZIONE: Eleonora Bassi,
Pollici Opponibili studio editoriale (Mn)

Redazione Gribaudo
Via Strà, 167/F
37030 Colognola ai Colli (VR)
redazione@gribaudo.it

RESPONSABILE DI PRODUZIONE: Franco Busti
RESPONSABILE DI REDAZIONE: Laura Rapelli
REDAZIONE: Daniela Albertini
RESPONSABILE GRAFICO: Meri Salvadori
FOTOLITO E PRESTAMPA: Federico Cavallon, Fabio Compri
SEGRETERIA DI REDAZIONE: Emanuela Costantini

FSC
www.fsc.org
MISTO
Carta
da fonti gestite in
maniera responsabile
FSC® C044117

STAMPA E CONFEZIONE: Arti Grafiche Dial Mondovì (CN),
azienda certificata FSC®-COC con codice ICILA-COC-000335

Socio Unico Giangiacomo Feltrinelli Editore srl
Via Andegari 6 - 20121 Milano
info@gribaudo.it - www.gribaudo.it

PRIMA EDIZIONE: 2020 [10(C)] 978-88-580-2787-5

SOMMARIO

PREFAZIONE DI FEDERICO BUFFA 4

INTRODUZIONE L'IMPORTANZA DEL PENSIERO E LA "DISTRUZIONE CREATRICE" 7

LA MIA STORIA DA PALLANZA A MILANO 20

SILVIA KESERUE: L'IMPORTANZA DI UNA SCELTA 27

GERRY SCOTTI: L'ARTE DI COMUNICARE 32

PAOLO, MIO MARITO 42

TU FAI IL TUO MESTIERE, MA LASCIAMI FARE IL MIO 50

MAX BIAGGI, IL "CORSARO": SENSIBILITÀ E TENACIA 54

MARCO PANTANI: 1998, SOTTO IL SOLE DI RICCIONE L'INCONTRO FATALE 68

PROFESSIONISTA E MAMMA 110

L'INDOLE DELLA BUONA SAMARITANA 128

PIERMARIO MOTTA: IL CORAGGIO DI SFIDARE IL METEO PER IL BUON SUCCESSO DI UN EVENTO 132

MATTEO SALVO: LE MAPPE MENTALI E LA SPENSIERATEZZA 150

RAFFAELE TOVAZZI: PENSIERO IN AZIONE 162

COMUNICARE DOPO IL CORONAVIRUS 174

FELICE BOGA: QUANDO IL PENSIERO SUPERA IL GESTO 182

PREFAZIONE

di FEDERICO BUFFA

Un pugno. Non solo un pugno, un pugno battuto sul tavolo. Un pugno battuto sul tavolo urlando a suo padre cosa convenga fare per andare in paradiso.
Credo sia fisiologico che a una donna del genere venga chiesto di scrivere una biografia funzionale, di quelle che se leggi, apprendi.
Che poi Forbes l'abbia nominata nel 2019 una delle 100 donne più influenti d'Italia mi sembra del tutto irrilevante oltre che non vero, perché se così fosse l'Italia sarebbe un Paese migliore.
Il titolo del libro rimanda a Choderlos de Laclos e al mondo relazionale che per una che esercita il mestiere di Manuela, e per di più in relazioni professionali quasi esclusivamente con uomini, in uno degli ambienti più maschilisti del mondo, è quasi inevitabile. Mi permetterei di suggerire, però, almeno un'altra chiave di lettura che potrebbe generare un titolo tipo *Due occhi che guardavano il lago*.
Dicono che chi è nato sul lago sia particolarmente portato alla melanconia, come Gigi Riva da Leggiuno, il più grande calciatore della storia italiana del football (... se Valentino Mazzola dà il permesso) o Manuela Ronchi da Pallanza. Può darsi.
Dipende dal rapporto che si ha col verde e le sue variazioni cromatiche. Dipende se il suono dell'onda che si infrange sullo scoglio è il motivo per cui non potete fare a meno del mare e del suo infinito.
Il lago non ha onde e si vede dove inizia e dove finisce.
Manuela ha gli occhi del suo lago e io, perdonate la nota personale, ne sono una vittima, ma leggendo questo libro comprenderete che sono in trionfale compagnia.

Gli occhi di Manuela sono color mocaccino fatto bene. Sono lacustri, perché s'appoggiano su di noi senza onde o scogli. Tutta la vita relazionale di madame Ronchi, quando lavora e quando non lavora (anche se il lettore potrà far fatica a capire quando inizia l'uno e quando finisca l'altro), è fondata sugli sguardi, profondi e molteplici, in uscita e in entrata. La Ronchi non avrebbe mai ottenuto nemmeno la metà dei lavori che le hanno affidato, se non avesse fatto parlare prima i suoi occhi, e continuato a farlo quando ce ne fosse stato bisogno e Dio solo sa quanto ce n'è stato. Il mio momento preferito del libro è l'incontro con Marco Pantani, l'inarrivabile Pantadattilo (cit. Gianni Mura) che andava forte come nessuno in salita per abbreviare l'agonia.
I suoi occhi da Pirata, e quindi marini, quel giorno al loro primo incontro arrivarono prima di lui, stando a Manuela.
E il pirata, secondo, c'è sempre arrivato poco. Chi, sano di mente, darebbe da condurre un team ciclistico professionista a una donna che al massimo da piccola ha pedalato sul lungolago su una Graziella?
Magari uno che non ha mai dato così importanza a cosa fosse sano o meno nella vita, ma che si è fidato, confidando contestualmente in chi fosse, degli occhi di una donna, quelli color mocaccino fatto bene. Non credo se ne sia mai pentito, ma questo dettaglio, come troppi altri, purtroppo non lo sapremo mai.
Un ulteriore titolo alternativo potrebbe essere: *Ariete, ascendente Ariete*. Se ne avete mai conosciuto uno, vi sarete accorti che non gli è consentito dalla sua natura "fermarsi a pensare". Temono la noia, come la notte teme il fuoco, ricambiati. Manuela non avrebbe mai incontrato nessuno che le avrebbe suggerito di scrivere una biografia funzionale, se non avesse varie volte alzato la mano alla domanda "chi se la sente di...?". A quelli e quelle del *doblete* in Ariete, non passa nemmeno vagamente per la testa il prudente concetto di "conseguenza". Nella vita giocano a scacchi basandosi sulla sorpresa. Mossa immediata e tocco violento sul cronometro "a te!".
Puntano allo scacco matto in quattro mosse. Se vi siete mai domandati perché in questo gioco meraviglioso l'atto finale

sia denominato scacco matto o *Check Mate*, parole che non significano nulla, è perché sono in assonanza con il persiano *Shāh Māt*, «il re è morto» in quanto senza aiuto. Manuela non uccide nessuno, tanto meno i re.
Ti costringe a rispettarla, però. Ha cominciato con suo padre, definendosi magnificamente come figlia e conseguentemente per la donna che ne è derivata. E nessuno è mai riuscito a farla smettere. Chapeau.

FB

P.S. Federico Buffa è detto l'Avvocato, non per lo stile né tantomeno per il suo presunto carisma, ma perché purtroppo l'avvocato l'ha fatto per davvero e per fortuna, a differenza di Manuela, l'hanno fatto smettere.

INTRODUZIONE

L'IMPORTANZA DEL PENSIERO E LA "DISTRUZIONE CREATRICE"

L'economista Joseph A. Schumpeter sosteneva che la vita è una sequenza senza fine di creazione e distruzione. In pratica, per sua natura l'uomo ha la tendenza a proporre idee sempre nuove: quello che un tempo era considerato innovativo, man mano diventa obsoleto, sostituito da nuove invenzioni. La lampadina succede alla candela, l'automobile prende il posto della carrozza, il cellulare rimpiazza il telefono fisso e via di questo passo. Schumpeter, che ha insegnato anche alla Harvard University, ha chiamato questo processo "distruzione creatrice". Per il celebre economista austriaco, l'espressione "distruzione creatrice" indica proprio il costante sviluppo dell'economia capitalistica, nel quale le evoluzioni tecnologiche e gestionali trasformano il ciclo produttivo, scombinando l'equilibrio dei mercati ed ***eliminando le aziende che non sono capaci di innovare e di innovarsi***.
Cosa c'entra tutto questo con la comunicazione e relazioni umane? C'entra, eccome. Perché in questo ***continuo processo di evoluzione e mutazione*** è fondamentale sapersi ascoltare, imparare ad ascoltare gli altri, ma soprattutto ***porsi al centro***

del cambiamento per dominarlo senza subirlo. Sempre. E in qualsiasi circostanza.
Nel mio percorso professionale mi sono ritrovata ad essere una "portatrice sana", e anche inconsapevole, del ***meccanismo di mutamento***, convinta che quello che conta davvero è ***il coraggio di sperimentare.***
Come? ***Cambiando le modalità di azione, modificando i processi di lavoro e i punti di vista, cavalcando nuovi modi di approcciare i meccanismi della comunicazione.***
Forse questa è stata davvero la mia arma vincente.
Ma posso riconoscerlo solo adesso, riguardando a ritroso gli incontri e le situazioni che hanno caratterizzato la mia vita.

DISTRUZIONE CREATRICE OVVERO FARE, DISFARE ED EVOLVERE:

SE CI SI ASCOLTA, SI RIESCE A CAMBIARE IL PROPRIO PERCORSO IN FUNZIONE DI QUELLO CHE SI DIVENTA.

PAROLA D'ORDINE? MAIEUTICA

Non mi sono svegliata una mattina pensando "ecco, da grande voglio fare la manager e specializzarmi nella comunicazione e nella gestione dell'immagine dei personaggi". Tutt'altro: da bambina avrei voluto fare l'insegnante di inglese o la missionaria... Ripenso spesso ai tanti ***incontri*** che ho fatto nel corso della mia vita e la parola che mi viene in mente è ***maieutica***. Nel mondo socratico-platonico, la maieutica rappresentava la ricerca della verità che consisteva nella sollecitazione del soggetto a ritrovarla dentro di sé, a "partorirla", determinandola in maniera il più possibile autonoma.
Nel mio percorso lavorativo, come avremo modo di vedere più avanti, mi sono ritrovata quasi per caso a gestire l'immagine di parecchi personaggi famosi. Ma non ho preso un master all'Università dedicato a questo ambito specifico. Ho semplicemente agito... facendo, appunto, maieutica. Come? ***Ho osservato i personaggi esattamente così com'erano, con i loro pregi e i loro difetti, rispettando le loro caratteristiche, ascoltandoli.*** Ho sempre cercato di tradurre il loro carattere, i loro elementi distintivi, il loro modo unico e personale di fare un mestiere in un preciso messaggio per ***farli arrivare alle persone così come sono***, in modo veritiero. In funzione di questo, ho sempre svolto una dettagliata analisi del mercato per capire qual è la sfera all'interno della quale un determinato personaggio potrebbe sviluppare meglio tutti gli aspetti collaterali rispetto alla professione che svolge. In sostanza, non ho mai voluto costruire un piano di marketing furbo solo per inseguire le tendenza del momento. No. Perché le persone non vanno tradite.
Il personaggio famoso diventa per il pubblico una sorta di icona, un eroe da imitare, un punto di riferimento. E deve rimanere se stesso. Se è antipatico, non bisogna per forza farlo diventare simpatico, se ha un carattere fuori dagli schemi è proprio questo che deve arrivare alla gente. Le persone aspirano a emulare i personaggi che hanno dimostrato

di saper fare qualcosa di particolare nella loro vita. Ecco: ***in qualità di professionista che gestisce i personaggi e la loro immagine ho sempre sentito la responsabilità di rispettare le persone che seguono la vita e le vicissitudini di questi personaggi.*** Alla gente non vanno raccontate bugie perché capisce subito cosa è naturale e cosa invece è costruito. **Essere *perfetti è fake!***

Gli eroi non sono perfetti. I personaggi non sono perfetti: sono esseri umani e come tali imperfetti. Emulare un personaggio vuol dire ispirarsi alle sue imprese e alle sue doti e, magari, trarre un insegnamento anche dai suoi errori. Consideriamo un personaggio amato da tutti gli italiani, ma che nel corso della sua vita ha purtroppo ceduto a una grande debolezza: **Marco Pantani.** In un momento difficile della sua carriera, in cui il suo pensiero fisso era che i suoi tifosi potessero pensare che li aveva traditi, Pantani è caduto, purtroppo, nella trappola della cocaina. È evidente che ha sbagliato. Questo errore non gli è stato perdonato ma, soprattutto, Marco non l'ha perdonato a se stesso.

Pantani ha sempre dimostrato al mondo che era in grado di sconfiggere la sfortuna e di rialzarsi da qualsiasi "caduta": come nel 1995, quando un'auto lo aveva investito mentre era in piena preparazione al Giro d'Italia o quando due anni dopo un gatto lo aveva fatto andare a sbattere malamente contro un muretto durante il Giro.

Marco Pantani è stato paragonato per questo agli eroi delle tragedie greche e tutti si identificavano in lui proprio perché ***cadere e rialzarsi fa parte della nostra vita.*** Se però Pantani non ce l'ha fatta a sconfiggere la cocaina, è il caso di porsi delle domande su questa terribile vicenda che l'ha segnato in modo così profondo. In generale, l'errore può capitare ma deve essere preso come esempio dalle persone per evitare di ripeterlo e di fare come lui.

Proprio per questo dopo la morte di Pantani abbiamo voluto fortemente dedicargli un Liceo dello Sport a Busto Arsizio: è capitato che alcuni genitori di alunni che l'hanno frequentato mi scrivessero per farmi sapere che la storia di Marco avrebbe per sempre fatto da filo conduttore alla vita dei loro figli. Mi sono emozionata. Comunicare le persone per quello che sono davvero, per me, significa proprio questo. Ecco perché l'***onestà intellettuale*** rappresenta uno degli elementi portanti del mio vademecum.

L'UMANESIMO DIGITALE

In questo momento stiamo attraversando una fase storica che qualcuno ha definito in un modo che amo molto: umanesimo digitale. Siamo nel pieno dell'***era della digitalizzazione e dell'intelligenza artificiale***: questi due elementi se da un lato attraggono le persone, dall'altro le spaventano. Cosa impaurisce davvero l'uomo? Sicuramente il timore di essere sostituito da un robot: l'Homo sapiens si sente minacciato dalle specie diverse. Ricordiamoci però che nessuno ci potrà mai "rubare" il nostro pensiero: una macchina non potrà mai pensare come un uomo. «L'Homo sapiens è l'essere più creativo che esiste e che esisterà» ci ricorda il fisico Roberto Cingolani.

QUESTA **FASE STORICA** DELL'UMANESIMO DIGITALE PUNTA PROPRIO AL RECUPERO DELLA CENTRALITÀ DELL'ESSERE UMANO RISPETTO ALLE MACCHINE E ALLA TECNOLOGIA, PER DARE IL VIA A UNA **RINASCITA** DELLE **RELAZIONI** E DELLA **CULTURA**.

SERVE DAVVERO LA DIGITALIZZAZIONE?

Certo, è l'essere umano che programma la macchina affinché possa agire in modo incredibilmente simile al nostro, ma quelle modalità di pensiero che vengono applicate sui dispositivi appartengono a noi umani. Il libero pensiero appartiene solo agli uomini. ***Se l'uomo dovesse smettere di pensare, mettendo a tacere la propria creatività, allora sì che diventerebbe vittima della digitalizzazione. Ecco perché noi esseri umani dobbiamo costantemente evolvere ed essere pronti a mutare. Ricordate la "distruzione creatrice" di Schumpeter?***
È normale che, arrivati a questo punto, ci si chieda: "***Serve davvero la digitalizzazione?***". Serve, eccome. Dal mio personalissimo punto di vista, per esempio, ci serve per ***accelerare i processi***, dal momento che ci portano via tantissimo tempo nel corso della giornata e non ci consentono di stare con noi stessi, con la nostra famiglia, con gli amici, con gli affetti. Però non dobbiamo farci usare dalle macchine, ma essere capaci noi, in prima persona, di ***sfruttare i processi a nostro vantaggio.***
Pensiamo al nostro lavoro e a come l'innovazione ci sta aiutando. Qualche tempo fa, se in vacanza dovevamo rispondere a un'email urgente, eravamo costretti a cercare un internet point e un computer. Oggi, con il nostro smartphone possiamo lavorare, nel caso ce ne fosse la necessità, anche da una sdraio in riva al mare, senza per questo bloccare o frenare i processi dell'attività lavorativa. Ecco che torna in gioco la "distruzione creatrice" di Schumpeter: l'avvento del cellulare può essere visto come una schiavitù o come una libertà. Per me è decisamente una libertà: ***siamo sempre noi a decidere come usare la tecnologia e come dosarla nella nostra giornata. Questo è un punto importante: siamo noi individui a decidere. Sempre.***

LA FORZA DEL NETWORK

In questo scenario digitale, tuttavia, i social network ci stanno facendo dimenticare quanto sia davvero importante la parola ***network***, mentre siamo tutti concentrati sul concetto di **social**. I social media oggi fanno parte della nostra vita, ma come in tutte le cose non bisogna fare l'errore di "prenderli" al 100%. Attraverso Facebook, per esempio, ho incontrato persone che non vedevo da anni e questo mi ha fatto piacere e mi ha aiutata. È stato positivo. Ma è sempre il singolo (noi) a decidere con quali dosi usare i social e che importanza dare a questi mezzi. Se si agisce al contrario diventa come una droga.

I SOCIAL NETWORK DEVONO SERVIRE PER CONNETTERE LE PERSONE **NON PER SOSTITUIRSI ALLA RELAZIONE UMANA.**

Quante persone, nel virtuale, si sono innamorate di un uomo o di una donna e poi quando si sono incontrati dal vivo hanno scoperto di aver preso un abbaglio? Riflettiamo su questo. Nei social o nel mondo digitale siamo "schermati" e non riusciamo a capire fino in fondo le persone con le quali interagiamo: non possiamo guardarle negli occhi per cercare di capire se possiamo fidarci o meno o per captare determinate sensazioni. ***Le email, i messaggi e i social network sono importanti, sia chiaro, ma non credo che possano mai sostituire il potere della vera relazione.***
Oggi posso affermare forte e chiaro che è il ***network*** la mia vera forza, ovvero ***le relazioni personali, la capacità di crearle, di svilupparle e di renderle durature.***

È LA CAPACITÀ DI COSTRUIRE UN RAPPORTO **"CALDO"** IN UN MONDO DI RELAZIONI **"FREDDE"** CHE FA LA DIFFERENZA.

Mi sono costruita un lavoro in funzione delle mie doti naturali di riuscire a ***entrare in empatia con le persone*** e la mia vita professionale è stata scandita da ***incontri speciali.*** Oggi vivo di incontri, mi piace il rapporto diretto con le persone. I messaggi e le email possono creare anche dei malintesi: se per caso scrivi quando sei di fretta, dall'altra parte potrebbero pensare che non tieni abbastanza in considerazione i tuoi interlocutori. Quindi, tornando all'umanesimo digitale, ***ben venga la digitalizzazione che ci aiuta a velocizzare certi processi per avere più tempo per incontrare e "vivere" le persone.***

IL DISINTERESSE NEI CONFRONTI DEL GIUDIZIO DEGLI ALTRI

L'uomo, in questo umanesimo digitale, deve essere sempre al centro con il suo pensiero, la sua personalità e il suo modo (unico) di guardare il mondo. E questo in tutti gli ambiti: nella vita personale, nel lavoro, nelle relazioni con gli altri. Ne sono fortemente convinta e questo concetto mi ha guidata durante tutto il mio percorso, personale e professionale. Diventa doveroso, però, tenere in considerazione un presupposto importante: ***se mi fosse interessato il giudizio degli altri, avrei fatto scelte diverse rispetto a quelle che ho fatto nella mia vita.*** Invece, alcune volte ho accettato, con con-

sapevolezza, di andare incontro a delle possibili critiche per alcune mie decisioni.
Non voglio far condizionare la mia vita da quello che gli altri pensano di me. Che pensino quello che vogliono, io sono come sono, non posso piacere a tutti e se non piaccio a qualcuno pazienza: il mondo è pieno di persone. Solo in questo modo si riesce a ***crescere*** e a ***costruirsi una propria personalità. Lo ripeto: non per forza dobbiamo piacere a tutti.*** Quando cerchi di piacere a tutto il mondo vuol dire che non sai né di carne né di pesce e comunque ci sarà sempre qualcosa che non piacerà a qualcuno.

COLTIVARE LA PROPRIA PERSONALITÀ E COSTRUIRCI ATTORNO DELLE RELAZIONI, SEMPRE MANTENENDO FEDE ALLA PROPRIA INDOLE E RISPETTANDO GLI ALTRI, COSCIENTI DEL FATTO CHE NON SEMPRE QUESTA NOSTRA PERSONALITÀ SARÀ GRADITA A TUTTI: È QUESTA LA COSA VERAMENTE IMPORTANTE DA PERSEGUIRE.

La mia vita è stata disegnata da questo mantra.

LA SPINTA GENTILE

Mi sono innamorata della filosofia del vincitore del premio Nobel per l'economia 2017, **Richard Thaler**, autore del libro *Nudge*, tradotto in italiano in *La spinta gentile. La nuova strategia per migliorare le nostre decisioni su denaro, salute e felicità*. La motivazione del Nobel riguarda «il suo contributo all'economia dei comportamenti». In pratica, «i contributi di Richard Thaler hanno costruito un ponte tra le analisi economiche e psicologiche dei processi decisionali individuali». L'economista sostiene che ***la gente va informata e formata e poi lasciata libera di scegliere***: non gli va imposto un prodotto, un servizio, una persona.

Vi siete mai chiesti come fanno le persone a riconoscere un eroe? A mio avviso, lo riconoscono come tale quando comprendono che un suo suggerimento o un suo comportamento, una volta applicato nella propria vita, porta a un miglioramento.

Nell'era dei social, ci ritroviamo immersi in un piattume aspirazionale davvero imbarazzante. Un tempo i poeti parlavano di eroi e il popolo si ispirava proprio all'***eroe***, che era la personificazione di un ideale. Le persone puntavano costantemente al miglioramento: ***volevano osservare qualcuno migliore di loro per poter imparare e trovare l'ispirazione al cambiamento.*** Oggi, al contrario, tendiamo verso il basso, sempre di più, puntando piuttosto alla spersonalizzazione.

Capire l'importanza della relazione, insieme alla comprensione di come un individuo, con coraggio, ha portato avanti se stesso e il suo modo di essere nel mondo, è un punto cruciale del mio percorso. Tutti gli incontri della mia vita mi hanno insegnato questo.

Attraverso alcuni aneddoti e il ricordo di alcuni incontri mi piacerebbe poter raccontare come le relazioni e la conoscenza possono ispirarci.
Ho avuto la fortuna di poter entrare in confidenza con certi personaggi e scoprire alcune loro caratteristiche profonde che la gente ancora oggi non conosce. Sono proprio quelle caratteristiche che hanno fatto diventare quel personaggio un leader e un punto di riferimento.
Non è stato quello che ha fatto, ma quello che ha saputo trasmettere alla gente a fare la differenza.

SE OGNI GIORNO
METTIAMO IN PRATICA
UN INSEGNAMENTO,
ISPIRATO A MODELLI
CHE NELLA LORO VITA
HANNO SAPUTO
DIMOSTRARE QUALCOSA,
E LO FACCIAMO NOSTRO,
LA NOSTRA AZIONE
DIVENTA VIRTUOSA.

L'importanza delle relazioni e degli incontri sta proprio nel riuscire a mettere a fattore comune quello che ogni essere umano, che è unico e irripetibile, ha fatto nella sua vita.
È proprio grazie a quello che una persona ha compiuto attraverso le sue azioni che altre possono seguirla, imitarla e prenderne spunto per cambiare. Non è che si cambia atteggiamento o visione solo perché una persona ci dice "da oggi si fa così". È impensabile.

STILE PERSONALE

Per il mio lavoro nella comunicazione ho scelto uno stile fedele alla mia personalità e ho come clienti aziende che amano il mio stile di far comunicazione. ***Siamo unici e ciascuno ha le proprie caratteristiche.*** Pensiamo a quante aziende di abbigliamento esistono sul mercato: tantissime. Dovrebbero esserci solo conflitti di interesse? No. Ci sono mille brand e ogni individuo si veste dove si sente meglio rappresentato. Sul mercato c'è spazio per tutti. Anche nella comunicazione c'è spazio per tutti.

DECONTESTUALIZZARE

Ho sempre pensato che, al di là del ruolo, siamo tutti esseri umani con dei sentimenti e con l'attitudine a "incontrarsi". Ogni anno, per il giorno del mio compleanno (24 marzo), organizzo un evento al quale invito persone eterogenee, dai miei genitori ai miei compagni di liceo, insieme ad amici, artisti e CEO di aziende mie clienti. Amo la decontestualizzazione dei ruoli nel nome del rispetto dell'amicizia. Iniziai con il mitico Pietro Ugazzi, ai tempi DJ, che si occupò della musica alla festa dei miei 18 anni a Pallanza e oggi è un imprenditore illuminato nel panorama finanziario. E continuo tutt'ora.

UNA VITA DI INCONTRI

Tutti gli incontri che ho fatto nella mia vita mi hanno insegnato una cosa fondamentale: l'importanza di ascoltarsi e di saper ascoltare gli altri.

L'ambizione di questo volume è questa: raccontare la mia vita, ma soprattutto gli incontri che l'hanno disegnata, senza la presunzione di voler essere un punto di riferimento, ma con l'umiltà di una persona che è arrivata a Milano dal Lago Maggiore, avrebbe voluto fare tutt'altro nella vita e si è ritrovata, con grande commozione, a essere ***nominata nel 2019 da "Forbes" come una delle donne più influenti d'Italia***, un riconoscimento che premia star del cinema, scienziate, icone dello sport, manager e imprenditrici di successo.

Se mi volto indietro devo dire che ho avuto il privilegio di conoscere persone straordinarie. Dal mio punto di vista, però, il vero privilegio consiste nell'***arricchimento personale che questi incontri mi hanno lasciato e non il poter dire "ho lavorato con Gerry Scotti e sono stata la manager di Marco Pantani"***. Doveroso aggiungere che non tutti i miei incontri professionali sono stati positivi: anzi, alcuni si sono poi rivelati densi di sfaccettature false o negative. ***Ma questa è la vita. E quello che ci portiamo dentro di noi è un ricco bagaglio di esperienze in cui coesistono quelle buone e quelle meno buone.***

Non posso non mettere in evidenza che ***quello con Marco Pantani è stato l'incontro che ha "sconvolto" in tutti i sensi la mia vita***. Sono passati più o meno vent'anni da quando mi chiamò per diventare la sua manager e da quando ha voluto che, in un mondo decisamente maschilista come è quello del ciclismo, fosse una donna a gestire lui stesso e poi addirittura una squadra di corridori. Decisamente avanti, vero?

LA MIA STORIA

LA MIA STORIA

DA PALLANZA A MILANO

Sono nata a Pallanza, da due genitori meravigliosi: mio papà vendeva auto e mia mamma moto. Curioso, no? Mio padre era anche il presidente di una squadra di calcio: posso dire di essere cresciuta in mezzo ai calciatori.
Nel corso della mia vita lavorativa, però, non ho mai gestito un calciatore "in carriera": è un incarico maggiormente deputato ai procuratori. Con il mondo del calcio ho assunto un ruolo più da imprenditrice: ho gestito **Marco Tardelli** (che stimo moltissimo), ho organizzato il Galà del Calcio con la società creata insieme a **Demetrio Albertini**, e con **Alex Del Piero** ho condiviso diverse esperienze lavorative.
Lo sport è sempre stato una costante nella mia vita, fin da bambina. In più, suonavo il pianoforte e per un certo periodo ho fatto catechismo ai bimbi della parrocchia vicino a casa. Da quando avevo sette-otto anni ho sempre avuto un grande spirito di libertà e mi sono sempre sentita una "gitana". Amavo girare e imparare il più possibile. Andavo a scuola dalle suore e in quel periodo mi sarebbe piaciuto, da grande, diventare una missionaria.
Per anni ho praticato ginnastica artistica: mi allenavo duramente, mi piaceva moltissimo, ma succedeva che, ***quando arrivavo alla competizione, la mia emotività mi giocasse sempre brutti scherzi.***

Mi sudavano le mani e non è una bella cosa quando devi affrontare le parallele: nonostante i chili di gesso sulle mani, un giorno caddi di schiena e mi feci parecchio male. Mi dissero che dovevo nuotare per rinforzare la schiena, così i miei genitori mi iscrissero a un corso di nuoto. Anche lì, in allenamento tutto bene ma poi in gara... ecco che il fiato di colpo spariva per colpa dell'emozione. Dopo qualche anno di pratica e di gare traumatiche decisi di diventare insegnante di nuoto e presi anche il brevetto di bagnino. Erano gli anni del liceo scientifico: al mattino andavo a scuola, nel pomeriggio mi recavo in piscina a insegnare nuoto. Ero molto ***affascinata dalla professoressa Angela Calcaterra, la mia insegnante di inglese***: una donna tenace, aveva i capelli rossi e un bel temperamento. E mi è sempre piaciuto viaggiare: per questo ***il mio sogno era quello di studiare lingue all'università e diventare un'insegnante di inglese, proprio come la professoressa Calcaterra.*** Mi sono così iscritta a Lingue e Letterature Straniere Moderne all'Università Cattolica di Milano. Ho scelto di studiare inglese, francese e russo: ovviamente all'epoca eravamo in pochissimi ad aver scelto il russo. ***Si manifestò proprio in questo frangente di vita uno dei miei mantra attuali: essere diversi fa realmente la differenza.***
Le mie compagne di università avevano deciso di studiarlo perché erano affascinate dalla cultura, dalla politica e dalla letteratura russa, io invece l'ho scelto soprattutto per "visione", perché secondo me la Russia poteva avere uno sviluppo economico interessante e poteva tornarmi utile conoscere questa lingua. Del russo mi piaceva la musicalità ma anche il fatto che non lo studiava nessuno: mi intrigava impararlo e per me era una bella sfida. Arrivai a Milano con il mio zainetto,

presi un appartamento in affitto e dopo pochi mesi iniziai a lavorare. I miei genitori non mi facevano mancare nulla, ma il mio obiettivo era mantenermi da sola.
Il mio spirito di indipendenza, infatti, non mi permetteva di accettare soldi da loro.
Milano mi era sconosciuta, all'epoca, e mi chiesi: "Come posso fare per guadagnare qualcosa?". ***Decisi di provare con le ripetizioni.*** Del resto, la didattica è sempre stata nel mio DNA. Perciò misi un cartello in un bar: «Laureanda in Lingue e Letterature Straniere Moderne impartisce ripetizioni di matematica e fisica». Quando mi chiamavano dopo aver letto l'annuncio in molti mi chiedevano se ero "normale", dal momento che c'era una certa incongruenza tra le materie oggetto del cartello. Ma ***avevo attratto l'attenzione*** e trovai così una decina di ragazzi da seguire. Erano tutti studenti molto intelligenti ma senza metodo di studio.
Io invece, per potermi laureare in Cattolica con gli esami semestrali e lavorare contemporaneamente mezza giornata, ***mi ero creata un mio personalissimo metodo di studio***, utile per studiare di sera e già ampiamente collaudato al liceo: ***facevo schemi, mappe mentali, quaderni delle regole, usavo molti colori e così via.***
Certo, durante le ripetizioni di matematica le espressioni non mi venivano proprio tutte al primo colpo, ma potevo "passare" ai ragazzi il mio metodo di studio. Così al mattino frequentavo le lezioni in università, nel pomeriggio davo ripetizioni, la sera studiavo: il mio piano per riuscire a mantenermi funzionava.
Dare ripetizioni e incontrare persone, per me era come leggere dei libri: era tutta esperienza.
Senza mai smettere di lavorare mi sono laureata con 110. Curioso pensare che anni dopo, ironia della sorte, mi sarei ritrovata a gestire come manager **Matteo Salvo**, che ha vinto il "World Master of Memory" ed è colui che ha divulgato in Italia proprio le mappe mentali inventate da Tony Buzan.

L'ESPERIENZA A LENINGRADO: LA MIA "CAMPAGNA RUSSA"

Successe che un giorno, sul finire degli anni Ottanta, al mio primo anno di università, una società farmaceutica chiamò l'università Cattolica perché aveva bisogno di interpreti di russo per un viaggio di lavoro a Leningrado. Io studiavo russo da pochissimo: quando ci fu proposto di andare in Russia per questa "missione" ***alzai la mano d'istinto e decisi di buttarmi in questa avventura.*** Pensai: "Compro un libricino di russo con le frasi più importanti, le studio e me la caverò". Peccato che ci voglia circa un anno per imparare a scrivere e a leggere il cirillico... Oggi riguardo me stessa in quel frangente e penso che ***il coraggio di provare qualcosa di nuovo ti fa davvero scattare come una molla tanto quanto la paura riesce a bloccarti.*** Ero ben cosciente dei miei limiti e del fatto che non avrei mai potuto fare l'interprete, ma sapevo che in viaggio con noi ci sarebbe stato il professore di Italia-Urss e che comunque mi era stato chiesto di fare «la hostess che sapeva un po' di russo».
Arrivò il giorno della partenza e i problemi nacquero subito all'aeroporto perché in vita mia non mi era mai capitato di dover gestire la partenza di 500 persone insieme. Quando arrivammo al celebre Hotel Pribaltiyskaya di Leningrado (oggi San Pietroburgo), con più di mille camere, ci diedero la *rooming* list... in cirillico! Le altre hostess non riuscivano a decifrare i nomi degli ospiti e quindi ad abbinarli con la stanza assegnata, il professore di russo si rifiutò di occuparsi di questo e se ne andò. Bene: il mio punto di riferimento era sparito e mi ritrovai quindi sola a decifrare quei simboli in un posto dove nessuno conosceva l'inglese! È stata la settimana più dura della mia vita: persi otto chili, ma fu un'esperienza incredibilmente formante.

Da questo test sul campo in Russia ricavai un insegnamento molto importante: studiare sui libri è essenziale, certo, ma poter mettere in pratica le cose nella vita reale è altrettanto fondamentale.

L'IMPORTANZA DI METTERSI IN GIOCO

Sono una persona che si mette sempre in discussione e sono molto critica nei confronti di me stessa. Devo però ammettere che dopo l'esperienza russa si è messo in moto un vero e proprio tam tam: parecchie agenzie iniziarono a contattarmi per propormi dei viaggi come hostess. Probabilmente a Leningrado, nonostante le difficoltà, mi ero mossa bene e avevo dimostrato di avere gli attributi: ***avevo scelto di mettermi in gioco, non ho avuto paura e ho lavorato sodo per cercare di far andare tutto nel migliore dei modi.*** L'agenzia che mi aveva mandata in Russia, in particolare, ricevette feedback molto positivi dai medici presenti al congresso e così mi cercò per altri lavori simili. Piacevo e non scendevo certamente a compromessi. Sia chiaro: non avevo il *physique du rôle* della hostess, non ero un'acciuga e adottavo un look davvero poco fashion per mascherare le mie rotondità, che erano sempre state un mio punto debole, ma ero molto organizzata, seria, parlavo bene l'inglese e attraevo le persone per empatia, non certo per una questione estetica.
Iniziai così a girare il mondo. Mio padre era preoccupato: non voleva che andassi fuoricorso all'università. Io invece ***ero convinta fosse più utile laurearsi in ritardo ma con un buon bagaglio di esperienze tra le mani.*** Capiamoci: le mie compagne di università non sapevano dire "fattura" in inglese perché sui libri non c'era scritto.

SILVIA
MI HA FATTO
CAPIRE QUAL ERA
LA MIA VIA.

GERRY MI HA
"INSTRADATA".

POI, MI SONO
COSTRUITA
IL MIO STILE:
ACTION, PENSIERO
IN AZIONE.

SILVIA KESERUE

L'IMPORTANZA DI UNA SCELTA

Un giorno un'agenzia con cui collaboravo stava cercando una persona da mandare a un congresso molto importante a Boston. Dovevano scegliere tra due candidate: una ero io, bassina e morettina, l'altra era una ragazza altissima, bionda, con gli occhi azzurri. Generalmente quando si tratta di scegliere una hostess, chissà perché, viene considerato in primis l'aspetto fisico, quando invece sarebbe meglio valutare altre competenze. In quell'occasione ***Silvia Keserue*** non si limitò all'esteriorità: Silvia era la persona che doveva fare la scelta e, litigando con la sua socia che non era d'accordo con lei, disse: ***«Scelgo questa ragazza perché ha gli occhi che brillano di passione»***.

ECCO UN ALTRO ELEMENTO RICORRENTE NELLA MIA STORIA: **L'IMPORTANZA DI GUARDARSI NEGLI OCCHI**, DI FIDARSI DELL'EMPATIA E DI NON FERMARSI MAI ALL'APPARENZA.

Questo non vuol dire che una persona alta, bella e bionda non possa essere anche bravissima. Voglio essere ancora più chiara: non ho proprio nulla contro la bellezza e non sono il tipo di persona che pensa "le belle sono meno intelligenti". Semplicemente, per determinati tipi di lavoro, come quello della hostess, se nelle scelte si riuscisse a coniugare l'aspetto esteriore con spiccate doti organizzative sarebbe meglio.
Fu esattamente quello che fece Silvia con me. Partii per Boston e feci la hostess a quel convegno importante.
Silvia è stata la prima persona, lavorativamente parlando, a darmi fiducia.
Dopo l'esperienza di Boston feci altri lavori per la sua società. Poi Silvia non andò più d'accordo con la sua socia: chiuse l'agenzia e ne aprì un'altra da sola. Mi chiese di andare a lavorare insieme a lei e in questo frangente la aiutai a mettere in piedi l'ufficio nella sua casa in centro a Milano. Divenni "quasi" la sua nuova socia, non in termini economici ma a livello di fiducia e di relazione. Silvia era una grande creativa, ma adorava il mio modo schematico di organizzare il lavoro, a colpi di etichette e colori. In quel periodo facevamo parecchi viaggi e organizzavamo molti congressi. Feci tanta, tantissima ***esperienza.***

LA RELAZIONE CON SILVIA

Quando tra le persone gli incontri sono sinceri e nascono da una voglia reale di costruire qualcosa insieme, anche se durante la vita si fanno scelte diverse, non ci si allontana. Io e Silvia Keserue, a un certo punto, abbiamo deciso di prendere strade separate perché non ci ritrovavamo più nelle vedute: io dovevo crescere, non volevo continuare solo ed esclusivamente a organizzare congressi. È normale che nel momento del distacco, se le visioni sono diverse, ci siano momenti di sofferenza. ***Se però le motivazioni che stanno dietro al distacco sono genuine e rispettano l'altra persona, l'amicizia e il rispetto restano per sempre.***
Silvia oggi vive a Trieste, ma dopo 40 anni fa tuttora parte della mia vita: siamo amiche, si ricorda sempre del mio compleanno e di quello dei miei ragazzi, va a trovare mia madre al Lago Maggiore. Non ci siamo mai perse di vista e ha sempre seguito tutta l'evoluzione del mio lavoro. Mi considera la sua "figlioccia". Quando è venuta a vedere i miei nuovi uffici si è messa a piangere dalla commozione.

Silvia è orgogliosa di aver scelto me, quel giorno, per il congresso di Boston. A ben pensarci, nella mia vita professionale, tutto è partito da quella scelta.

ESPERIENZA IN AZIONE

A volte, quando a livello lavorativo le cose non vanno come vogliamo, ricorriamo a delle giustificazioni: preferiscono sempre le bionde, hanno preso la più carina, le donne sono svantaggiate. Non facciamolo: sono solo scuse ed espedienti. Ricordiamoci che esiste sempre la persona.

È importante sfatare il mito che si lavora solo se si risponde a determinate caratteristiche: quello che conta, invece, è la relazione che si crea con le persone che si incontrano, conta quanto dai e conta quanto ricevi. Ma non è solo ricevere, non è solo dare: è qualcosa di "impalpabile" che si deve creare tra le persone. Ecco perché se dovesse essere un computer a fare delle scelte lavorative al posto degli umani, basandosi solo su dati, altezze e centimetri, sarebbe davvero un grande danno, oltre che una grande tristezza, per il genere umano.

L'IMPORTANZA DELL'EMPATIA

Silvia Keserue ha saputo intercettare dai miei occhi la passione che avevo per fare questo lavoro. Quello che ho imparato da lei ho cercato di trasferirlo nella mia vita lavorativa e continuo a farlo tuttora. Per me avere un aspetto fisico non proprio da fotomodella è stato una grande discriminante in tanti lavori: non voglio che lo sia per le persone che vengono a lavorare da me. **Quando faccio i colloqui non guardo solo il curriculum vitae o l'aspetto fisico: non ho mai sbagliato a selezionare le persone quando riconoscevo «la passione brillare negli occhi».**
Ho avuto la fortuna che molte delle persone che ho incontrato nel corso della mia vita non hanno mai dato grande importanza al pedigree, al biglietto da visita, al curriculum vitae o all'esteriorità, quanto piuttosto all'empatia e alla passione che vedevano brillare negli occhi. Questo è esattamente il mio metro di misura, anche oggi, quando seleziono i miei collaboratori.

In generale, ho fatto dell'empatia il mio credo: non ci sono mail, messaggini o WhatsApp o qualsiasi forma di digitalizzazione che potrà mai sostituire quello che l'essere umano prova quando incontra un'altra persona.

Mio padre mi rimprovera spesso su questo aspetto: sostiene che con le persone parto sempre in quarta e poi magari prendo una sonora mazzata. Non vuole che io soffra come ha sofferto lui per le fregature che ha subito. Ne sono pienamente consapevole, ma piuttosto che vivere a metà per paura di essere "ingannata" ***preferisco vivere a pieno la relazione, col rischio di soffrire per la delusione che potrebbe poi arrivare, e a volte arriva... Non sarei me stessa se non agissi così.***
Chiaramente, l'istinto aiuta: a volte si capisce subito se in una persona "qualcosa non torna".
Credo che l'incontro con Silvia Keserue sia stato determinante per farmi capire che non dovevo fare l'insegnante di inglese. Silvia mi ha fatto scoprire una mia dote naturale che, prima di allora, mi era sconosciuta: ***riuscire a entrare in empatia con le persone.***
È da quel preciso momento che ho iniziato a ***professionalizzare questa mia dote istintiva.***

INCONTRARE SILVIA MI HA DATO L'OPPORTUNITÀ DI SCOPRIRE CHE **LAVORARE IN MEZZO ALLA GENTE**, TRA LE PERSONE, **ERA IL MIO DESTINO** E CHE COSTRUIRE **VALORE** GRAZIE ALLA **RELAZIONE** POTEVA ESSERE IL MIO FUTURO.

GERRY SCOTTI

GERRY SCOTTI

L'ARTE DI COMUNICARE

All'epoca, oltre a lavorare con Silvia Keserue, per mantenermi gli studi collaboravo con diverse agenzie: facevo la hostess, l'interprete e curavo anche la produzione di eventi. Un giorno mi contattò un'agenzia per un lavoro a Milano. Mi dissero che dopo avermi vista lavorare e avendo avuto ottimi feedback dai clienti, potevo essere la persona adatta: stavano organizzando Spot Italia, che è stato l'antesignano del Galà della Pubblicità. Mi chiamò la titolare dell'agenzia, ***la signora Lanfranconi***, che ***mi propose di lavorare qualche giorno nel loro ufficio prima dell'evento per dare una mano all'organizzazione. Ho lavorato a due edizioni di seguito di Spot Italia, entrambe condotte da Gerry Scotti.*** Una sera, dietro le quinte, Gerry mandò da me il suo manager per propormi di andare a lavorare nella loro società. Immaginatevi la mia reazione: ***ero pur sempre una laureanda in lingue che arrivava dal paesello...*** Oltretutto, per i casi della vita, giusto qualche mese prima avevo fatto un periodo di supplenza come insegnante di inglese alle Preziosine, una scuola di Pallanza gestita dalle suore, dove avevo trascorso la mia infanzia fino alla terza media. Questa esperienza mi aveva fatto capire che insegnare inglese, il mio sogno di ragazzina, non era assolutamente nelle mie corde: mi imbrigliava in un sistema che avrei voluto

rivoluzionare ma non avevo né la competenza né la credibilità per poterlo fare.
Potete dunque capire ***quanto mi aveva resa felice la proposta di Gerry Scotti anche perché per me, a quei tempi, la televisione rappresentava il massimo.***
La società di Scotti, oltre a curare tutta la sua immagine, si occupava della gestione di alcuni personaggi, ma aveva la necessità di sviluppare il settore degli eventi e delle produzioni televisive: per questo pensarono a me. Ero lusingata ma la mia risposta istintiva fu: «Va bene, ma io non voglio fare la dipendente». Ho il massimo rispetto per chi sceglie di essere un dipendente ma, ascoltandomi, avevo capito che quel tipo di rapporto di lavoro proprio non era quello che faceva per me: tenevo troppo alla mia libertà.

NEL CORSO DELLA MIA CARRIERA LAVORATIVA HO SEMPRE CHIESTO AI MIEI CLIENTI UN RIMBORSO SPESE PIÙ LE PROVVIGIONI: HO SEMPRE VOLUTO, FIN DAGLI INIZI, ESSERE **"LIBERA"** E IN GRADO DI **FAR RENDERE IL LAVORO DI CHI MI SCEGLIEVA**.

Feci dunque un accordo con la società di Gerry Scotti, che si trovava a Cologno Monzese, in base al quale mi venivano pagate le spese più una percentuale sulle rendite di quel nuovo ramo d'azienda dedicato agli eventi.
Eravamo più o meno nella metà degli anni Novanta.
Furono anni meravigliosi: il lavoro mi piaceva moltissimo, mi affidavano eventi importanti come, per esempio, il lancio della Y10, ***facevo la personal manager di molti personaggi della società, come Paola Barale, Federica Panicucci e Linus. In pratica, ero il braccio destro del socio di Gerry Scotti.*** Oltre a fare l'imprenditore, Gerry continuava splendidamente la sua carriera di artista televisivo: non lo vedevo molto spesso, nonostante collaborassi costantemente con il suo ufficio.
Quando lo incontravo, però, mi metteva sempre in soggezione e mi sudavano le mani.

UNA FRASE DETERMINANTE

Un giorno, durante una riunione, **Gerry Scotti** mi disse una frase che ha letteralmente condizionato tutta la mia vita lavorativa: ***«Ricordati che anche se parli davanti a tre o quattro persone devi pensare sempre di essere in prima serata su Canale 5»***. Ovvero: ***impara a comunicare con le persone.*** Poi, se c'è budget, puoi anche mettere la ciliegina sulla torta. L'importante è fare gli ascolti, far sì che quello che viene detto sia perfetto e rispetti i tempi giusti, ma è altrettanto fondamentale chiedersi se il messaggio è arrivato davvero alle persone.

AL CENTRO C'È SEMPRE UNA COSA SOLA: **SAPERSI FAR ASCOLTARE.**

Gerry Scotti mi ha insegnato a ***dare importanza alla creazione dei contenuti***, ad ***attrarre l'attenzione***, a fare audience e questo a prescindere dal budget e dal cliente. Perché se c'è un'idea che si autocomunica, se c'è un contenuto che ha valore, allora costruire tutto il resto attorno sarà un gioco da ragazzi.

IL CONTENUTO È L'ELEMENTO CHE **FA REALMENTE LA DIFFERENZA**: PROPRIO QUESTO HA DETERMINATO E CONDIZIONATO IL MIO MODO DI FARE COMUNICAZIONE.

Se qualcuno dopo un evento mi dovesse dire: "Manuela, l'evento è andato bene perché le hostess erano carine, si è mangiato bene e la location era bella" per me sarebbe un'offesa al mio lavoro: queste cose rappresentano un dato di fatto ma

è il contenuto che deve diventare generativo e determinare il successo dell'evento.

ESPERIENZA IN AZIONE

Devo ringraziare Gerry Scotti, il mio mentore, perché mi ha insegnato cosa vuol dire davvero fare comunicazione. Il mio incontro con Gerry ha segnato per sempre lo stile con cui ho scelto di improntare il mio lavoro: dare molta importanza ai contenuti e non solo alla forma.

UN GRANDE ISPIRATORE

Gerry per me è stato un grande ispiratore: il suo modo di comunicare mi appartiene ancora oggi. ***Gerry Scotti è stato il primo imprenditore a darmi una grande opportunità e mi ha insegnato a comunicare.*** Nel corso del mio percorso professionale mi sono ispirata molto a lui, una persona che ancora oggi metto all'apice della mia personale scala di valori. Gerry è uno dei più grandi comunicatori della televisione perché è sempre se stesso: non recita una parte, non ha sposato un cliché, non è mai banale, non annoia, sa commuoversi. È vero. Nelle sue varie vesti, è sempre sulla cresta dell'onda. È il tuo vicino di casa o il tuo migliore amico anche se non lo conosci.

IL MIO ELEMENTO DIFFERENZIANTE: LE PERSONE AL CENTRO

E qual è, invece, il mio elemento differenziante? Lavoro per far star bene le persone. Se le persone non stanno bene, anche intorno a loro le cose non "girano" bene. Se nelle aziende le persone non si sentono parte di un ecosistema, e non trovano soddisfazione in quello che fanno, è una guerra persa.

***Rispetto le persone, ascolto i loro bisogni,
cerco di trovare le soluzioni per dare
una risposta a quelle necessità.
Tutto questo oggi è al centro della mia vita,
che pullula di relazioni che hanno continuamente
contribuito a creare valore.***

Quando mi chiedono qual è la cosa che mi differenzia dagli altri nell'organizzare gli eventi io rispondo sempre così: «Le persone al centro». Per me un evento ha successo solo se sono state bene tutte le persone che vi hanno preso parte, dagli ospiti agli addetti ai lavori, dai facchini all'amministratore delegato. Deve essere un processo armonico. Se in quell'evento tutto l'ecosistema parla la stessa lingua, le persone che hanno partecipato si portano a casa ***un'esperienza generativa***, ovvero quello che è stato comunicato in quella circostanza non era distonico rispetto al comportamento delle persone.

L'**ATTENZIONE ALLE PERSONE** E ALLE RELAZIONI È FONDAMENTALE.

In una convention anche chi prepara le stanze o i drink deve sapere cosa sta accadendo, che quel giorno è in programma il tal evento e che tutti devono contribuire alla buona riuscita della serata.

TUTTI I FRAMMENTI DELL'ECOSISTEMA "EVENTO" SONO IMPORTANTI.

INCONTRI POSITIVI E NEGATIVI

Nella vita non sempre gli incontri sono a lieto fine, ma anche quelli sbagliati servono. Sarà banale dirlo ma se sul piatto della bilancia non ci fossero anche gli incontri che non sono andati bene non si crescerebbe. Bisogna saperli accettare e gestire, senza farne un dramma.
In questo momento, se dovessi chiudere gli occhi e dare una risposta istintiva, affermerei che ***non c'è una relazione che cancellerei dalla mia vita.***
Quando qualcuno mi ferisce nel profondo e fa male alla mia onestà intellettuale e ai miei sentimenti chiudo i rapporti, ma non porto rancore. Anche se non è sempre facile, cerco di perdonare. Penso anche che ***chi non sbaglia non è umano***: si possono fare mille errori, ma ci si parla, li si affronta insieme. Quando invece qualcuno insinua e mette in discussione la mia onestà intellettuale, beh mi chiudo a riccio e scelgo di non avere più alcuna relazione, senza però mai mancare di rispetto. A parte questo, ***nonostante gli incontri della mia vita non siano andati tutti a buon fine, non ricordo persone con cui non abbia mantenuto una buona relazione.***
Oggi posso affermare di essere rimasta in buoni rapporti con la stragrande maggioranza degli amici, dei miei clienti e delle persone con le quali ho lavorato o che sono capitate sul mio percorso.

LA SCELTA (DETERMINANTE) DI LASCIARE UN LAVORO IMPORTANTE

Avevo 23 anni, stavo facendo il lavoro dei miei sogni in una società di eventi, ma capii che dovevo cambiare qualcosa nella mia vita. ***Fu una scelta molto difficile da prendere.*** Gerry Scotti non

c'entrava proprio nulla con questa mia decisione: al contrario, per me è ed è sempre stato un punto di riferimento. Avrei voluto lavorare tutta la vita con lui e siamo tuttora in contatto.
Con il suo manager, che era la persona più operativa nella società e con la quale io avevo maggiormente a che fare, invece, non ero sulla stessa lunghezza d'onda: avevamo discordanza di vedute, soprattutto nel rispetto di valori e relazioni.
Mi salutò dicendo: «Ti ho creata io, ricordati che fuori di qua non sei nessuno». Io gli risposi: «Piuttosto torno a dare ripetizioni, ma per me il rispetto delle persone viene prima di tutto».

Ho imparato tanto da questa esperienza lavorativa, è stata quella più formativa del mio percorso. Nonostante guadagnassi davvero molto per l'età che avevo, scelsi di andarmene per una questione di valori, che sono sempre alla base di tutto, per me: fu una scelta difficile ma che farei di nuovo. Anche oggi la base da cui parto sempre per ogni progetto o relazione è la condivisione dei valori.

Quello con Gerry Scotti fu realmente un incontro determinante: tutto quello che ho imparato da lui 30 anni fa mi guida ancora oggi. Quello che invece non condividevo con il suo manager per come si era comportato con me, in contrappunto, ha fatto sì che io non mi comportassi come lui con i miei collaboratori e con il resto del mondo.

QUESTA È LA DIMOSTRAZIONE CHE **OGNI INCONTRO E OGNI RELAZIONE CONDIZIONANO** DAVVERO **TUTTE LE SCELTE SUCCESSIVE** CHE SI FARANNO NEL CORSO DELLA PROPRIA VITA.

LA MIA PRIMA AGENZIA

È stato subito dopo aver chiuso con questa società che ho aperto la mia prima agenzia: la **Action di Manuela Ronchi**. Era una ditta individuale in un piccolo bilocale in affitto in via Caradosso a Milano. In quel periodo della mia vita la persona più importante, dopo mamma e papà, era ***Paolo, mio marito.***

PAOLO

PAOLO

MIO MARITO

Ho un marito che agli occhi degli altri potrebbe sembrare mio figlio, anche se abbiamo solo tre mesi di differenza. Certe persone pensano che avendo trovato un uomo così "giovane e bello", io gli faccia fare tutto che vuole pur di tenermelo. Altre sostengono che mi sono scelta un uomo meno forte di me per poterlo comandare. Ma siamo matti? ***Sono stata fortunata, invece, ad aver incontrato sul mio cammino l'unico uomo in grado di dominare il mio carattere forte e di poter condividere il mio percorso professionale senza entrare in competizione con me, ma lasciandomi la libertà di esprimermi.***
Nel mio lavoro sono un condottiero, figuriamoci se dovessi ritrovarmi a fare l'uomo di casa anche nella mia vita privata! Se avessi accanto un uomo al quale far fare tutto quello che voglio, penso durerei un minuto e mezzo: non potrei mai.
Paolo si è laureato in ingegneria elettronica al Politecnico di Torino ma ha scelto di fare il pompiere: oggi è un funzionario dei Vigili del Fuoco. Mio marito è l'eroe dei miei figli... e anche il mio! Quando ci siamo conosciuti eravamo il giorno e la notte: io vestita da *sciuretta*, lui con uno zaino in spalla e il giubbino di jeans con il pelo. Quello era, quello è rimasto (anche se il giubbino con il pelo non lo mette più). ***Non si è mai fatto condizionare da me e io non mi sono mai adeguata a lui.***

In tutti gli incontri importanti della mia vita,
mio marito è sempre stato al mio fianco. Sempre.
Se andiamo insieme a qualche cena di lavoro
e qualcuno gli chiede del suo lavoro, risponde
candido che fa il pompiere. «Le persone mi devono
stimare per quello che sono non per il ruolo
che ricopro» dice sempre.
***Tutto quello che sto facendo oggi senza
il supporto di Paolo non esisterebbe.***
Io sono un doppio ariete: ho paura della noia
e non so cosa sia. Per noia intendo non avere stimoli,
avere l'ansia di dover pensare a cosa fare nel weekend
o appigliarsi alle cose da fare per riempire dei vuoti.
Io e Paolo il vuoto non lo conosciamo. Credo
che il segreto della nostra storia sia questo:
innanzitutto non abbiamo mai cercato di omologarci
l'uno all'altra e non abbiamo mai cercato di far
diventare l'altro una persona diversa dalla sua vera
essenza. Mi ha sempre detto: «Mi sono innamorato
di te così come sei, non cercherò mai di cambiarti».
Mio marito è la mia vita, ogni giorno che passa
sempre di più.

L'INCONTRO CON PAOLO: «THAT'S THE ONE!»

Durante un weekend al lago andai con i miei amici in discoteca, al Kuursal di Verbania: avevo 19 anni, stavo facendo i conti con una delusione d'amore pazzesca con Dan, un ragazzo americano, e il mio umore non era al massimo. Ballando, notammo un ragazzo: sembrava Antonio Cabrini. Io e le mie amiche lo stavamo fissando così lui venne verso di noi e con molta naturalezza si presentò: ***«Ciao, sono Paolo».***
A un certo punto ci ritrovammo a ballare insieme sulle note di *I still haven't found what I'm looking for* degli U2: lo ricorderò tutta la vita. Nel frattempo Stewart Wolfenson, un modello argentino che era un caro amico del mio ex ed è tuttora uno dei miei più grandi amici, da bordo pista mi faceva l'occhiolino e con il pollice alzato mi diceva: ***«That's the one!».***
Paolo viveva a Pieve Vergonte, un paesino vicino a Domodossola. Mi chiese cosa avrei fatto il giorno dopo: per darmi un tono gli dissi che sarei andata a sciare a Punta Indren con i maestri di sci della piscina dove lavoravo. Io non ero molto brava nello sci e di certo non ero preparata a sciare sul ghiacciaio: di solito sciavo all'Alpe di Mera, più adatta alle mie capacità. Paolo capì che ero una sportivona, che insegnavo nuoto e sciavo a Punta Indren... si dimostrò molto interessato e mi diede appuntamento in discoteca per il weekend successivo: è qui che ci siamo dati il primo bacio. Quella sera Paolo mi propose di andare a sciare insieme. Accettai, ma una volta sulle piste vidi che lui sciava da dio e io per la vergogna non riuscii a scendere nemmeno a spazzaneve! Nacque così la nostra storia. «Proviamo e vediamo» ci siamo detti.
Mi veniva a prendere sotto casa, io sempre vestita da *sciuretta* e lui con il suo giubbotto di jeans con il pelo, lui con la sua personalità, io con la mia. Eravamo due calamite. Tuttavia io non avevo ancora la maturità e l'esperienza per comprendere se poteva essere davvero l'uomo della mia vita. Decisi di

andare a studiare qualche mese a Edimburgo: volevo capire se la lontananza poteva darmi qualche risposta. Me la diede: mi mancava da morire. Da quel momento non ci siamo più lasciati: siamo insieme da più di trent'anni e ogni 21 del mese festeggiamo il nostro mesiversario!

LA VACANZA IN BICI IN CORSICA

In quel periodo facevo l'interprete e giravo il mondo, Paolo studiava ingegneria a Torino. Lui non mi ha mai condizionata, ma io mi sentivo in colpa perché ero sempre lontana. Un giorno gli dissi: «Quest'anno per le vacanze facciamo quello che desideri tu». Decise di portarmi in Corsica in bicicletta. Fare il bagaglio per la vacanza, per me, non fu facilissimo: ho una vera passione per le scarpe, i vestiti e gli accessori, mio marito invece veste sempre sportivo e se ha un paio di jeans ha tutto quello che gli serve.
Partimmo dal Lago Maggiore con un bagaglio minimo. Prendemmo il treno fino a Genova, poi la nave e finalmente arrivammo a Bastia. La foto della partenza del nostro tour in bici è meravigliosa: io indossavo un cappellino di paglia e una tutina con i bermuda rossi a fiorellini, sembravo pronta per fare un giro sul lungolago più che una sfacchinata sui pendii della Corsica! Dopo tre giorni il cappellino fu sostituito da una bandana: sembravo Sandokan. Ero distrutta. Paolo era allenatissimo e spesso durante le salite mi tirava con una corda. A ogni pedalata pensavo: "Mi abbronzo e dimagrisco... mi abbronzo e dimagrisco...".

PROBABILMENTE LA VACANZA IN CORSICA IN BICICLETTA È STATA LA VACANZA PIÙ BELLA CHE ABBIAMO FATTO.

ED È STATA ANCHE LA METAFORA DELLA NOSTRA STORIA: **INSIEME POSSIAMO FARE TUTTO, DIVERTIRCI MA ANCHE AFFRONTARE IL SACRIFICIO E LA SOFFERENZA.** LA BICICLETTA, POI, È TORNATA PREPOTENTEMENTE A CONDIZIONARE LA MIA VITA QUANDO HO CONOSCIUTO **MARCO PANTANI**.

UNA COPPIA, UNA SQUADRA

Paolo non è mai entrato in sfida con me. Ci consideriamo tutti e due alla pari. Abbiamo fatto delle scelte insieme e abbiamo seguito il nostro istinto.
Nonostante la laurea in ingegneria, Paolo ha scelto di fare il pompiere e successivamente il funzionario dei Vigili del Fuoco. La dignità con cui fa questo mestiere è incredibile. Io e Paolo siamo un'azienda: lui fa un lavoro che lo rende orgoglioso, io faccio un lavoro che mi piace da impazzire. Ogni cosa che riguarda la mia società è stata condivisa con lui, dalla realizzazione degli uffici alle decisioni più importanti.
Il primo ufficio della mia agenzia ***Action di Manuela Ronchi*** l'abbiamo costruito insieme: abbiamo posato la moquette, dipinto porte e finestre, scelto gli arredi. Dall'alto della sua laurea in ingegneria, ai tempi mi costruì persino un centralino

intelligente che, per permettermi di risparmiare, prendeva in automatico la linea della tariffa telefonica meno costosa in quel frangente.
Abbiamo trascorso interi weekend a sistemare e rinnovare gli uffici: lui si occupava degli impianti, io organizzavo il lavoro e preparavo raccoglitori (rossi per Max Biaggi perché era il colore della sua tuta, gialli per Marco Pantani, blu per gli eventi...). Io e Paolo ci siamo sempre divertiti a costruire insieme l'ambiente di lavoro.

TUTTE LE SCELTE CHE HO FATTO LE HO SEMPRE CONDIVISE CON **PAOLO. È IL MIO UNICO PUNTO DI RIFERIMENTO**, L'UNICA PERSONA IL CUI GIUDIZIO MI PESA.

Paolo mi lascia fare e mi fa riflettere. So che spesso ha ragione lui, ma con il mio carattere faccio fatica ad ammetterlo e a volte andiamo in scontro caratteriale. Sarebbe più facile per lui assecondarmi e invece ha gli attributi per affrontarmi. Io a casa mi sento protetta, sento di avere accanto un uomo guida. ***Anche se nel corso della mia carriera ho avuto tantissimi problemi di lavoro, con mio marito di fianco posso scalare una montagna come faceva Pantani.*** Non mi sono mai fatta condizionare dagli stereotipi. Tipo: se non mi faccio vedere a quella festa poi la gente pensa che non esisto. O se non possiedo una certa macchina non sono nessuno. Tutto questo a me non è mai interessato. Questa serenità d'animo, che mi ha permesso di essere una guerriera sul lavoro, è una caratteristica della nostra famiglia e stiamo cercando di trasferirla ai nostri figli.

LA COSA PIÙ BELLA IN UN RAPPORTO D'AMORE È PROPRIO LA CONDIVISIONE DEGLI OBIETTIVI DELL'ALTRO.

IO E PAOLO NE ABBIAMO FATTO IL PERNO DELLA NOSTRA RELAZIONE.

Il rispetto della libertà dell'altro è un atto faticoso ma fondamentale. Dico sempre che le nostre diversità, anche caratteriali, sono state la nostra fortuna: viceversa sarebbe stato magari più facile, ma sai che noia avere le stesse passioni e le stesse frequentazioni?

L'ANEDDOTO

Un giorno c'era in ufficio da me Jack Cambria, il celebre "negoziatore": è stato in servizio alla polizia di New York e a lungo è stato capo della Elite Hostage Negotiation Team, l'unità dedicata a operazioni Swat, recupero di ostaggi, azioni antiterrorismo e ha condotto missioni in situazioni estreme. Aveva appena realizzato un libro, *Parliamone*, e con la mia agenzia ci siamo occupati di promuoverlo.
Quando si sono conosciuti, mio marito era in ufficio da me e Cambria si è inginocchiato di fronte a lui e gli ha detto: «Per noi della Polizia, voi Vigili del Fuoco siete i veri eroi e quando dobbiamo negoziare con le persone, queste ascoltano molto di più voi di noi».
Ha tirato fuori una *patch* raffigurante il distintivo e l'ha regalato a Paolo. La nostra commozione era alle stelle.

IL MIO MESTIERE

TU FAI IL TUO MESTIERE, MA LASCIAMI FARE IL MIO

Quando lasciai il mio lavoro nella società di ***Gerry Scotti***, l'ufficio eventi venne chiuso definitivamente.
Un giorno mi chiamò Versino, un dirigente della Fiat, e mi disse: «Devo fare il lancio della Fiat Marea e vorrei che fossi tu a occupartene».
All'inizio rifiutai perché il cliente apparteneva all'altra società: nella mia carriera lavorativa non ho mai portato via i clienti a un'altra agenzia.
Poi venni rassicurata sul fatto che dall'altra parte non esisteva più la sezione legata agli eventi: con immensa gioia accettai l'incarico.
Fiat fu così il primo grande cliente della mia società, la Action di Manuela Ronchi. Non potevo chiedere di meglio.
Per il lancio della Fiat Marea, organizzammo dei concerti a tappe nelle cittadine dove era presente un concessionario di zona.
Portai i Dirotta su Cuba in una tappa, Aleandro Baldi in un'altra. Per la tappa di Pinerolo proposi **Nek** (Filippo Neviani), che all'epoca aveva appena presentato al Festival di Sanremo 1993 il brano antiabortista *In te*. Io lo avevo osservato ai concerti e secondo me poteva piacere molto al pubblico. Versino della Fiat, però, non apprezzò la mia proposta.

Probabilmente in questo frangente si concretizzò un altro elemento forte che fa parte del mio stile di comunicazione. Quando un cliente mi contesta una proposta o un'idea dicendo che non gli piace, io gli rispondo: «Tu fai il tuo mestiere, ma lasciami fare il mio».

Devo fare una premessa: io non lavoro "solo" per i soldi, per me il denaro è la conseguenza. Così dissi a Versino che io credevo molto in quella scelta e che se il concerto di Nek fosse stato un flop avrei pagato io il suo cachet. Subito dopo ho iniziato a sudare freddo...

QUANDO SONO CONVINTA DI UNA COSA E SO CHE PUÒ PORTARE VALORE, SCELGO SEMPRE DI RISCHIARE E DI PERCORRERE QUELLA STRADA.

«Morirò povera, ma almeno con la mia dignità» dico sempre. Il concerto di Nek a Pinerolo andò benissimo: la piazza era strapiena. Da quel momento io e Filippo siamo diventati molto amici e abbiamo lavorato spesso insieme. La sua carriera decollò di lì a poco con *Laura non c'è* nel 1997: anche se non stavamo lavorando insieme mi chiese di accompagnarlo al Festival di Sanremo perché, disse, gli portavo fortuna. La canzone al Festival non andò benissimo, ma in radio spopolò. E la sua carriera decollò: Nek è diventato un grande della musica, ma non abbiamo mai smesso di sentirci. Filippo ha un'immagine rock ma è riuscito a mantenere un equilibrio invidiabile.

È riuscito ad essere aspirazionale nei confronti del pubblico femminile, ma nello stesso tempo a mantenere una coerenza con i valori della sua famiglia.
Ed è un ragazzo con una sensibilità rara. Di recente mi hanno cercata per esaudire il desiderio di una sua fan malata gravemente. L'ho contattato. Lontano dai riflettori, Filippo le ha mandato un video meraviglioso, regalandole un momento di gioia pura.
Le relazioni che si creano tra le persone permettono anche queste piccole magie.

IL CONCERTO DI ANDREA BOCELLI SUL LAGO MAGGIORE

Dopo il concerto di Nek a Pinerolo, sempre per il lancio della Fiat Marea mi ritrovai a organizzare un concerto sul Lago Maggiore: avrebbe cantato Geraldina Trovato. La cosa mi divertiva perché mio padre aveva una concessionaria Lancia: all'epoca Fiat e Lancia non erano della stessa famiglia bensì super concorrenti. Ricevetti una telefonata da Michele Torpedine, il manager di Geraldina: mi disse che Geraldina non stava bene e bisognava necessariamente trovare un sostituto. Io ero disperata: non potevo rischiare di fare brutta figura con il mio primo grande cliente.
Michele Torpedine e io avevamo un'ottima relazione a livello lavorativo: mi rassicurò e mi propose di contattare **Andrea Bocelli**, anche se sarebbe costato molto, ma molto di più. Accettai. Ovviamente fu un grandissimo successo.
Anche con Andrea Bocelli siamo diventati molto amici: fu un incontro fortunato.
Con tutti gli artisti con cui ho lavorato, anche se solo per brevi periodi, sono rimasta in ottimi rapporti e ho mantenuto relazioni che durano fino a oggi.

MAX BIAGGI

MAX BIAGGI

IL "CORSARO": SENSIBILITÀ E TENACIA

Quando lavoravo nella società di Gerry Scotti mi occupavo di eventi: sviluppavo iniziative collaterali che coinvolgevano i personaggi gestiti dall'agenzia. Facevo la personal manager di alcuni artisti ma non ero il loro manager televisivo: questo ruolo lo svolgeva il socio di Gerry. Tuttavia, conoscevo tutti gli addetti ai lavori della TV e, soprattutto, ero molto attenta a osservare il mondo che mi circondava. Quando interruppi il mio rapporto professionale con questa società, alcuni personaggi mi chiesero di poter continuare a lavorare con me. Rifiutai. Il mio senso di responsabilità mi fece pensare: "Ma come faccio a gestire Paola Barale o la Panicucci in televisione? Non ne ho l'autorevolezza". In più, capivo che i meccanismi del mondo della TV non mi appartenevano proprio. Alcuni degli artisti che a loro volta lasciarono quella società si rivolsero a me per trovare i manager televisivi più adatti per la loro personalità: li aiutai, occupandomi in prima persona, invece, della gestione di tutto il lavoro legato alle iniziative speciali. Il primo che venne con me fu ***Marco Berry***, noto escapologo, illusionista e personaggio della TV che ricorderete per essere stato una delle *Iene* e aver ideato programmi di grande successo come *Invisibili*. Successivamente venne anche ***Federica Panicucci***. Per lei seguivo tutto quello che riguardava le iniziative speciali: mi occupavo di gestirle le convention, le serate in discoteca, le sponsorizzazioni.

L'INCONTRO CON MAX BIAGGI

A metà degli Novanta andava di moda fare le famose "ospitate in discoteca" con i personaggi che facevano radio e televisione. Durante un viaggio con Federica Panicucci incontrammo **Max Biaggi**. Lo confesso: io non sapevo nemmeno chi fosse. Federica mi spiegò che era uno dei più brillanti talenti del motociclismo italiano. Per caso, Max, Federica e io ci siamo ritrovati seduti vicini in aereo. Federica confessò a Biaggi che con me lavorava molto bene: adesso che stava diventando famoso come motociclista poteva aver bisogno di una figura come la mia per esplorare le opportunità del settore extrasportivo. Gli sportivi hanno una carriera relativamente corta e in questo breve periodo di tempo devono poter capitalizzare il massimo dallo sfruttamento della loro immagine. Ci scambiammo i numeri di telefono. All'epoca Max stava per vincere il suo primo Mondiale in 250: le gare erano trasmesse da TeleDue, non in chiaro, e il motociclismo era ancora uno sport di nicchia. Un pomeriggio ricevetti una telefonata: «Ciao, sono Max Biaggi, non so se hai visto la TV: sono in Argentina e sto per vincere il mio primo Mondiale in 250. Ho bisogno di un consulente che mi gestisca l'immagine e la notorietà, non chiedermi perché ma vorrei che fossi tu a farlo, credo sia una questione di empatia». Rimasi basita. Mia mamma vendeva moto, le mitiche Moto Guzzi, perciò l'ambiente non mi era totalmente estraneo, ma mi fiondai in edicola a comprare la rivista "MotoSprint" per documentarmi. Era il 1994.

I DIRITTI DI IMMAGINE

In quel periodo non facevo la manager, l'agente o il procuratore: gestivo i diritti d'immagine. Il cuore di questo lavoro risiede nella ***capitalizzazione dei diritti di immagine di un personaggio, di una celebrità, di un professionista. In poche parole ho sempre fatto strategie di posizionamento.*** Proprio allora si stava delineando perfettamente ***il mio ruolo***

lavorativo, con un'ulteriore declinazione del grande insegnamento che ho ricevuto da Gerry Scotti: in pratica, se mi ritrovo a gestire un personaggio, quel personaggio è innanzitutto una persona prima ancora che un atleta, un artista televisivo o un attore. Per rispettare le persone che ho davanti senza tradire le loro aspettative, non ho mai voluto creare un progetto di marketing in funzione di una moda da cucire addosso ai personaggi. Piuttosto facevo ***maieutica***: ascoltavo, osservavo e comunicavo quel personaggio così come era, con i suoi pregi e i suoi difetti, il suo talento, le sue debolezze. Senza bugie. Perché la gente si innamora di quel personaggio proprio perché è fatto così.

QUELLO CHE MI È SEMPRE INTERESSATO, **ERA AVERE PRIMA DI TUTTO LA FIDUCIA DELLE PERSONE CON CUI LAVORAVO.**

Max Biaggi aveva una lungimiranza fuori dal comune: molti anni dopo il mitico Giacomo Agostini, che si aggiudicò 15 titoli mondiali e 122 Gran Premi, vincendo il suo Mondiale, Max comprese di essere il primo italiano in grado di far tornare il motociclismo tra gli sport più seguiti del nostro Paese. Non era una cosa da poco.

QUELLO CON MAX BIAGGI NON È MAI STATO UN RAPPORTO PALESATO: HO SEMPRE PENSATO CHE **CHI FA IL MIO MESTIERE DEVE RESTARE DIETRO LE QUINTE.**

IL PRIMO PERSONAGGIO SPORTIVO CHE HO GESTITO

Max Biaggi è stato il primo personaggio sportivo che ho gestito. Mi sono detta: "Devo essere la persona in grado di riuscire a far rimanere Max il più possibile sereno per allenarsi e per gareggiare. ***Il mio compito deve essere quello di capitalizzare la sua notorietà, veicolandola nella maniera giusta e creando attorno a lui un tessuto di relazioni e di opportunità per sfruttare al meglio la sua immagine".***
Iniziai dunque con la ricerca degli sponsor e preparai il mio piano di comunicazione per lui. Pensai: "Abbiamo la fortuna di avere un italiano che con determinazione e una storia non facile alle spalle, tra mille sacrifici è riuscito a vincere. Dal niente, con testardaggine, lavoro e fatica, è riuscito a far emergere la sua voglia di rivalsa e di riscattare se stesso e la sua famiglia". Un denominatore comune, questo, nelle storie di molti sportivi. Ho studiato la sua vita, l'ho ascoltato e ho capito che la moto, per lui, era realmente uno strumento di rivincita personale per dimostrare alla sua famiglia che poteva farcela.
Mi sembrava doveroso, quindi, "far uscire" Max Biaggi dal circuito del motociclismo per farlo conoscere e apprezzare da una platea più estesa.
La storia di Max era ***un bellissimo esempio di storytelling***: proposi quindi di farlo andare ospite al *Maurizio Costanzo Show* e a *Buona Domenica*, in contenitori non tematici, proprio per fargli raccontare al pubblico il suo percorso e la sua vita.
È noto che Max non ha un temperamento facile. Io però l'avevo conosciuto da vicino: ***dietro quel volto dai tratti spigolosi si nascondevano una sensibilità e un'umanità singolari***, che per carattere e vissuto personale non riusciva a esprimere. ***Questo era l'aspetto che mi affascinava di lui e che avrei voluto far arrivare alla gente.*** Sulla moto parlava lui ed erano i risultati a farla da padrone. Fuori dal circuito, però, "bisognava lavorarci" ancora un po'...

UN BRACCIO DI FERRO COSTANTE

Max vinse per quattro anni di fila i Campionati del mondo in 250 e io ero sempre al suo fianco, anche se non ero decisamente una manager da prima linea. Da un lato suggerivo a Max delle operazioni di comunicazione, dall'altro il mio lavoro era quello di cercare aziende che potessero aver bisogno di un personaggio come Biaggi per creare valore, suggerendo loro che il motociclista romano poteva essere il testimonial perfetto per il loro prodotto.
Per esempio, realizzammo una particolare lattina della Pepsi Cola, che diventò la Pepsi Max, e girammo uno spot pubblicitario per Asics.

IL MIO RAPPORTO CON MAX BIAGGI È STATO INTRIGANTE IN TUTTI I SENSI
ANCHE SE SI È RIVELATO UN BRACCIO DI FERRO COSTANTE.

Ci furono anche momenti di scontro tra di noi: come avviene un po' in tutte le relazioni, ***nonostante il rapporto di massima fiducia, non siamo andati sempre d'accordo***. Per citare uno dei tanti esempi: dopo aver vinto i quattro titoli mondiali, le cose per Max iniziarono ad andare meno bene e, in un momento in cui in gara aveva delle grosse difficoltà, gli sconsigliai di apparire in TV nelle trasmissioni generaliste perché i suoi tifosi avrebbero voluto vederlo ben concentrato negli allenamenti.
Non accettò il mio suggerimento.

L'ANTAGONISMO CON VALENTINO ROSSI

A un certo punto, nel 1998, sulla scena del motociclismo classe 250 ***arrivò un certo Valentino Rossi.*** Uno dei motivi per cui io e Max abbiamo interrotto il nostro rapporto di lavoro è legato al fatto che non condividevo che Max entrasse in antagonismo con Rossi in maniera così palese: secondo me, sportivamente parlando, avrebbero potuto convivere perfettamente. Provenivano da due mondi diversi e ciascuno aveva i propri fan: certe persone si innamoravano dello stile di Biaggi, altre di quello di Rossi. Dov'era il problema? Invece Max, per dirla alla romana, iniziò a rosicare.

È LA DURA LEGGE DELLO SPORT: **NON SI PUÒ VINCERE SEMPRE.**

Max Biaggi, a livello di temperamento, non è mai riuscito a gestire bene il rapporto con il suo antagonista. Quando ti trovi sulla tua strada un personaggio come Valentino, talento unico e nato per essere un comunicatore, non è un confronto facile, soprattutto quando tu sei romano e il motociclismo è per antonomasia uno sport legato a doppio filo all'Emilia Romagna (anche se Rossi è marchigiano), che è stata ribattezzata proprio *The Riders' Land*, la «terra dei piloti».
Consigliai a Max di continuare a fare il Max di sempre, senza cedere alle lamentele e senza accampare scuse per le difficoltà in gara. Quando in pista c'è un campione così forte, ***bisogna saper riconoscere il suo valore e tirare fuori gli attributi, non le parole, per dimostrare che anche tu sei altrettanto forte... se non di più!***

Tra i consigli che ho sempre cercato di dare ai personaggi che ho gestito, quello di non creare la polemica a tutti i costi per far parlare di sé è ai primi posti, insieme a quello di cercare di non parlare mai male degli altri.
Un giorno Valentino ha tagliato il traguardo per primo, Max era secondo e con la sua moto gli ha fatto, come si dice in gergo, il pelo. Ovviamente, a caldo, Valentino imprecò e si lamentò fortemente di Biaggi. Consigliai a Max di andare in conferenza stampa e di stemperare i toni: «Valentino, attento: con tutti i milioni di fan che ti ritrovi, ricordati che non si dicono le parolacce...». Max mi ascoltò, la cosa finì lì e la polemica fu smorzata. A parte questo episodio, è evidente che ***non sono riuscita a convincere Max della bontà della mia strategia***. Il loro antagonismo, di fatto, divenne storico: vennero fatti paragoni con la famosa rivalità che caratterizzò Coppi e Bartali.

BISOGNA RICONOSCERE CHE **VALENTINO E MAX DIEDERO VITA A UN DECENNIO** DI SCONTRI, E RISSE SFIORATE, MA ANCHE **DI GARE IRRIPETIBILI E DI EMOZIONI INCREDIBILI**.

Nella vita, però, succede che finché vinci va tutto bene, poi appena vacilli ti trovi tutti contro. È la dura legge dello sport: non si può vincere sempre. Max, oltretutto, si trovava a portare avanti la sua sfida in un territorio "ostile": iniziò ad avere dei problemi a livello agonistico e aveva la stampa contro. Quando vinci ti si perdona tutto, quando perdi l'idillio finisce e a emergere sono i difetti. Fu in quel frangente che Max decise di chiudere il nostro rapporto lavorativo.

TRA FIDUCIA E LIBERTÀ

Devo ammettere che mi sono ritrovata a gestire un personaggio dalla scorza dura. ***La tuta che Max indossava gli serviva per proteggersi soprattutto dal mondo esterno, per attutire i colpi alla sua fragilità e per riscattarsi da circostanze che non ha mai accettato.*** In quel periodo ero giovane e non ce l'ho fatta a vincere la mia sfida: quella di far arrivare al pubblico che nonostante la faccia spigolosa e il suo atteggiamento un po' scontroso, Max aveva una sensibilità unica, che, come già detto, per carattere e vissuto personale non riusciva a esprimere.
Quella con Max è stata un'esperienza fondata sulla fiducia. ***Con tutti i personaggi che ho gestito non ho mai firmato un contratto.*** Stabilivamo insieme le regole che dovevano governare il nostro rapporto, ma senza nessun contratto a supporto. Tra due esseri umani, a cosa serve un contratto?

CERCO DI PORMI SEMPRE COME UN COMPAGNO DI VIAGGIO CHE TI OSSERVA E CERCA DI COMUNICARE LA TUA PERSONA. **SE MANCA LA FIDUCIA, PERÒ, MANCA TUTTO.**

Se due persone non si trovano bene ma c'è un contratto firmato, uno dei due può farlo valere magari per farsi pagare una penale. Ma che soldi sono? Non sono soldi puliti, ma denaro che nasce da una vendetta o da un vizio di forma. Sono soldi maledetti. Quindi, per quel che mi riguarda, ***se la fiducia cade, il contratto decade.***

ANCHE QUI: IL RISPETTO DELLA LIBERTÀ DELL'ALTRO, ESATTAMENTE COME NEL RAPPORTO CON MIO MARITO, È FONDAMENTALE.
SE RISPETTO IL PERSONAGGIO CHE GESTISCO E LUI RISPETTA ME, ANCHE SE DA FUORI QUALCUNO CI CRITICA, NOI INSIEME SIAMO FORTI.

La mia linea è chiara: ***mi paghi per darti dei consigli, se non li accetti cade tutto. Non posso essere un consulente che non consiglia.*** Resta inteso che i miei consigli possono anche risultare sbagliati, ma non sarei in grado di assecondare le richieste di un mio cliente solo per tenerlo legato a me. ***Dire di no e rinunciare a un lavoro quando non ti trovi in linea non è solo un atto di coraggio ma un atto di libertà.***

STOP AND GO

Quando Max Biaggi decise di interrompere il nostro rapporto di collaborazione, iniziai a gestire un altro motociclista: **Marco Melandri**. Un anno dopo, però, Max tornò di nuovo da me. Io nel frattempo avevo iniziato a gestire anche ***altri personaggi, come Antonio Rossi, Yuri Chechi, Maurizia Cacciatori, Gianmarco Pozzecco, Gustavo Adrian Zito, Ivan Zazzaroni, Linus, Renato Da Pozzo, Sébastien Frey, Tosca, Rossana Casale, Antonella Ruggiero, Alex Britti...***

Successivamente anche ***Marco Pantani entrò nella nostra squadra***. Pantani all'epoca era davvero un idolo: stava facendo innamorare un Paese intero con le sue imprese in bicicletta, staccando gli avversari in salita in modo epico. In Max scattò inevitabilmente una certa competizione e una sana gelosia. Soffriva un po', ma scelse di restare con me. Poi quando le cose con Pantani presero la piega che tutti sappiamo, Biaggi decise di interrompere nuovamente il nostro rapporto di lavoro. Dopo i fatti di Madonna di Campiglio, quando Marco entrò nel suo tunnel più nero, Max si preoccupò per me. Quando capì che sarei restata vicina a Marco e avrei fatto di tutto per sostenerlo, con grande onestà mi disse che secondo lui non sarei mai riuscita ad aiutarlo. Allo stesso tempo volle tutelare la sua immagine: non voleva essere associato a un personaggio tanto discusso. In quel frangente, però, Pantani aveva più bisogno di Max della mia presenza. ***Per onestà dissi anche a tutti gli altri*** personaggi che gestivo all'epoca con la mia agenzia ***che ero costretta a interrompere la nostra relazione professionale. Marco Pantani mi ha dato la sua fiducia nel momento in cui era all'apice della sua carriera, adesso toccava a me.***
Passarono gli anni e, per un po' di tempo, io e Max non ci siamo più sentiti.
Ma la nostra relazione personale non è mai finita.

«CIAO MANU, LO DOVEVO AI MIEI TIFOSI»

A un certo punto Max iniziò a correre nel Campionato Mondiale SuperBike: fu così che nel 2010 diventò il primo italiano campione del mondo in questa disciplina, conseguendo il suo quinto titolo iridato dopo i 4 consecutivi nella 250 (dal 1994 al 1997). Max non era più un ragazzino e vincere in SuperBike fu un'impresa sportiva incredibile. Il giorno della sua vittoria piansi di gioia. Era un ragazzo che non mollava mai: non ha

mai smesso di allenarsi e non si è mai arreso, ma ***non è facile tenere duro quando hai tutti contro.***
Far conoscere al mondo i personaggi per quello che sono, e non per quello che appaiono grazie allo sport che fanno, è la mia "missione" ma un piccolo fallimento con Max Biaggi me lo attribuisco. Non sono riuscita a far arrivare alla gente il suo animo sensibile. Forse ho avuto solo io il privilegio e l'opportunità di aver conosciuto il Max che si nascondeva dentro quella tuta da motociclista. Quando a un certo punto della sua carriera smise di vincere, infatti, non siamo riusciti a far arrivare a tutti questo suo lato, probabilmente perché dovevamo combattere con tutto quello che dicevano gli altri: la stampa ci stava soffocando e la faceva da padrona. Se vinci hai l'opportunità di raccontarti e di far sapere chi sei ma se non vinci prevale altro.
Il giorno della vittoria in Superbike mi arrivò un messaggio: ***«Ciao Manu, lo dovevo ai miei tifosi»***. E questo fu bellissimo: è stata la sua rivincita. Da sportivo vero quale è ha pensato in primis ai suoi tifosi. E poi a me, che a suo tempo, quando le cose a livello sportivo non andavano benissimo, gli avevo consigliato con fermezza di concentrarsi sugli allenamenti per non tradire la fiducia dei fan.

A ENTRARE NELLA STORIA NON SONO I PERSONAGGI CHE VINCONO E PORTANO A CASA LE COPPE, MA QUELLI CHE VINCONO E, COME MAX BIAGGI, **DIMOSTRANO DI POSSEDERE UNA GRANDE SENSIBILITÀ.**

Max ha voluto riscattare anche il fatto che in 500 non è mai riuscito a vincere. Dopo anni senza successi, con questa vittoria in un campionato difficilissimo come è il Superbike, soprattutto per l'età che aveva, ha saputo riscattarsi con i suoi tifosi. Il suo è stato un gesto di riconoscenza verso di loro. Un atto d'amore incredibile. E nel 2012 Max vinse addirittura un altro Mondiale Superbike...

ESPERIENZA IN AZIONE

Non posso non riconoscere a Max Biaggi la grande opportunità che mi ha dato. Non dimentico che se Marco Pantani si è rivolto a me è perché, informandosi, venne a sapere che Biaggi, noto per essere molto diffidente, con me lavorava bene e si fidava completamente.
Fu questo che lo spinse a contattarmi.
Max ebbe la lungimiranza di affidare la sua immagine a una donna che stava iniziando ad affacciarsi nel mondo della comunicazione extrasettore.
Quello che conta non è il numero di contratti di sponsorizzazione chiusi insieme, quanto abbiamo guadagnato o quante litigate abbiamo fatto "per colpa" della mia onestà intellettuale, quanto piuttosto la fedeltà con cui abbiamo mandato avanti un rapporto di lavoro, seppur non facile, basandoci su una stretta di mano e senza firmare contratti. A un certo punto, lavorativamente parlando, io e Max non condividevamo

più la stessa strategia e ci siamo lasciati": i rapporti professionali si possono tranquillamente interrompere, ma sempre con il rispetto reciproco.
Tra di noi era finita un'era.

SE TI **COMPORTI BENE** E **RISPETTI LE RELAZIONI**, CREI UN TERRENO FAVOREVOLE DOVE È FACILE **FAR NASCERE NUOVI PROGETTI**.

MARCO PANTANI

MARCO PANTANI

1998, SOTTO IL SOLE DI RICCIONE L'INCONTRO FATALE

Non sono mai andata a propormi a nessun personaggio: ***sono sempre stata scelta.*** È stato così per Max Biaggi ed è stato così per Marco Pantani. Un destino da una parte e un mio limite dall'altra perché non credo mai di essere del tutto adeguata. Sul finire degli anni Novanta, da giovane imprenditrice, avevo già avuto una grossa fortuna: ***conquistare la fiducia di Max Biaggi.*** Con la mia società, la **Action di Manuela Ronchi**, gestivo lui, altri sportivi e alcuni artisti e mi occupavo principalmente di eventi. Quando Marco Pantani nel 1998 fece la storica doppietta aggiudicandosi il Giro d'Italia e il Tour de France, ed era all'apice del successo, nel mio ufficio pensavamo a ***come sarebbe stato bello poter avere in agenzia i due numeri uno delle due ruote, motociclismo e ciclismo.*** In quel momento avevo appena venduto delle quote della mia società a un nuovo socio, **Francesco Ambrosoli**, che era innamorato del ciclismo. La sua presenza in società, non lo nascondo, mi faceva sentire un po' più protetta e tranquilla, anche in virtù delle sue numerose relazioni. Francesco mi disse: «Andiamo a proporci da Pantani, avrà certamente bisogno di un manager e Max Biaggi è un'ottima referenza». Io pensai: "Ma figuriamoci, Pantani non ci riceverebbe nemmeno".

«MARCO VORREBBE CONOSCERLA»

Nell'estate del 1998 mi trovavo per un sopralluogo a Riccione, dove in settembre avrei dovuto organizzare un evento per la casa discografica CGD.
Mi squillò il telefono: «Buongiorno, sono Gianni, chiamo a nome di Pantani, Marco vorrebbe conoscerla». Chiusi la conversazione, pensando a uno scherzo del mio socio. Mi richiamò dicendomi che non si trattava di uno scherzo. Mi spiegò che dopo aver vinto Giro d'Italia e Tour de France (1998), ***Pantani si era reso conto di aver bisogno di un manager che gli gestisse i diritti d'immagine.*** Non gli credetti: con tutti i nomi altisonanti che giravano in quel mondo, da Fiorio a Briatore, figuriamoci se voleva incontrare proprio me. «Scusi, ammettiamo che sia vero, ma come avete fatto ad avere il mio numero?». Fu presto spiegato: Marco era in spiaggia a Milano Marittima, ha incontrato ***Alberto e Alessia Tomba***, ha spiegato loro che aveva bisogno di un aiuto per gestire i suoi diritti di immagine e che era alla ricerca di una persona di fiducia. Bisogna in effetti ammettere che non sempre la figura del manager o del procuratore veniva vista con un'accezione positiva, a quei tempi. Alessia Tomba gli disse: «Marco, se un personaggio come Max Biaggi, che notoriamente non si fida di nessuno, ha scelto Manuela Ronchi, potrebbe essere lei l'unica persona che mi permetto di suggerirti in quanto a serietà e onestà». Chiamai immediatamente Alessia Tomba: mi confermò che le cose erano andate proprio in quel modo.

ANCHE **POCHE PAROLE**, MA DETTE **COL CUORE**, SONO PIÙ IMPATTANTI E **VIVONO PIÙ A LUNGO** DI MILLE CATTIVERIE GRATUITE.

IL PRIMO APPUNTAMENTO

Fissai un appuntamento con Pantani. Decidemmo di vederci a Cesenatico, nel Bar dei Marinai, sul Porto Canale. In attesa dell'incontro pensavo a come propormi, a come spiegare a un personaggio di tale levatura quali erano i miei metodi. Ricordavo bene le difficoltà che avevo incontrato con Max Biaggi, che faceva immancabilmente il contrario di quello che concordavamo insieme. Per farmi coraggio mi dicevo che forse un ciclista era fatto in maniera diversa. In più, nelle immagini che ricordavo di aver visto in televisione, Pantani mi sembrava una persona dolcissima e potenzialmente più gestibile.
Al bar trovai ad attendermi Gianni. A un certo punto, entrò un omino minuto, in un elegante completo grigio, magro da far paura. ***Vidi arrivare prima i suoi enormi occhi e poi lui: Marco Pantani.*** In televisione mi sembrava un gigante, invece era un ragazzo dal fisico esile: però ***era davvero magnetico e mi mise subito in forte imbarazzo per il suo carisma fuori dal comune.*** In tutta la mia vita non mi è mai successo di essere così emozionata. ***A tranquillizzarmi, però, fu un suo sguardo.***
Raccontai del mio metodo di lavoro. ***Gli spiegai come gestivo l'immagine di un campione, le mie esperienze precedenti, l'approccio che reputavo più corretto.***
L'agitazione mi fece parlare senza sosta e Marco ridendo mi soprannominò "Radio Caracol", un'espressione onomatopeica che gli piaceva per rendere l'idea del mio parlare a raffica. ***Pantani mi chiese di pensare a un progetto di comunicazione per gestire la sua immagine e poter comprendere quanto potesse valere:*** ovviamente stava già valutando anche le proposte di altri manager.
Al termine dell'appuntamento chiamai mio padre, mio marito, il mio socio: magari era solo un sogno ma l'opportunità di aver incontrato Marco Pantani e di dovergli fare una proposta per me era già tantissimo. Ero davvero soddisfatta.

IL BIGLIETTO DA VISITA

Mi gettai a capofitto nel lavoro. Ricevetti una telefonata da Gianni che mi rincuorò: Marco era rimasto favorevolmente colpito dal nostro incontro. Quel giorno all'appuntamento si aggregò anche un vecchio amico di Marco, che in quel periodo era il suo ufficio stampa: mi fu presentato in modo piuttosto vago. Si limitò ad ascoltare, ma fece subito notare a Marco che ***sul mio biglietto da visita non compariva alcun titolo.***

«La gente la guardo negli occhi, non guardo il biglietto da visita» fu la risposta di Pantani. Probabilmente fu in quell'istante che iniziò il nostro rapporto. Quel piccolo indizio mi fece capire chi era Marco Pantani: una persona di un'umanità e di una sensibilità davvero sopra la norma.

EMPATIA PRIMA DI TUTTO

Una volta rientrata a Milano iniziai a preparare il mio progetto di comunicazione per Pantani. Qualche giorno dopo Marco mi richiamò e mi propose di tornare in Romagna per fare due chiacchiere. ***«Vediamoci a cena perché i grandi affari e le grandi relazioni si festeggiano sempre a tavola davanti a un buon piatto di pesce»*** mi disse, dandomi l'impressione che avesse già fatto la sua scelta indipendentemente dalla valutazione del mio progetto.
Arrivai al ristorante sul Porto Canale con il mio PowerPoint nella borsa, accompagnata da Ambrosoli, il mio socio di allora. Quando Pantani entrò nel ristorante aveva lo sguardo basso e malinconico, una sua caratteristica, ma poi per tutta la serata fummo tutti rapiti dal suo meraviglioso sorriso. Iniziammo la cena, parlammo di tutto fuorché del tema dell'in-

contro. Alla fine Marco mi chiese di lasciargli il progetto di comunicazione dicendomi che l'avrebbe letto con calma. In quel frangente voleva solo conoscermi meglio. ***«Se devo lavorare con una persona, devo capire prima di tutto se ci sono feeling ed empatia: non sono le slide che contano»***. Prese il progetto, mi disse che ne aveva anche altri da valutare e che nel giro di pochi giorni mi avrebbe fatto sapere.

«LA MIA MANAGER»

Confesso: dopo la cena tornai a Milano non molto fiduciosa. Scoprii che i progetti e le cifre proposte dagli altri manager erano, in tutta onestà, parecchio interessanti.
Nell'esercitare la mia professione ho sempre scelto di essere pagata a risultati ottenuti: porto dei contratti, mi paghi la percentuale. Forse sono sempre stata consapevole che il mio *pedigree* non poteva competere con quello degli altri attori sul mercato perciò proposi anche a Marco questa mia regola: in tutta onestà, il solo fatto di poter diventare la sua manager, in un certo senso, mi "bastava".
Qualche giorno dopo quella cena mi trovavo nel mio ufficio e dimenticai il cellulare sulla scrivania del mio contabile, Edoardo Beccalli, una delle persone che mi è stata più vicina in tutta la mia vita lavorativa. A un certo punto mi chiamò urlando per dirmi che stava squillando. Non feci in tempo a rispondere e partì la segreteria telefonica. ***«Qui è Marco Pantani, non cominciamo bene: chiamo la mia manager e anziché sentire la sua voce mi tocca ascoltare la segreteria telefonica...»***. Credevo di svenire. Lo richiamai e il giorno dopo partii per Rimini.

NOTA: nelle pagine che seguono non ho voluto ricreare la cronistoria del mio rapporto con Marco Pantani, quanto piuttosto far capire quale è stato l'insegnamento che mi ha lasciato questo incontro e cosa ho imparato da questa relazione.

LA MERCATONE UNO

Arrivai a Rimini e ci recammo subito alla **Mercatone Uno** per trattare il contratto di Marco. ***Dopo la doppietta Giro-Tour i termini dell'accordo andavano necessariamente rivisti. Oltre all'ingaggio sportivo, la valorizzazione del personaggio contemplava la cessione dei propri diritti di immagine.*** Marco, non dimentichiamolo, era il corridore che aveva fatto riscoprire la passione per il ciclismo agli italiani, rilanciando una disciplina che pareva non riuscisse più ad attrarre la gente comune, ma solo i più stretti appassionati e i meno giovani.

Pantani aveva fatto breccia nel cuore di tutti, anche dei più giovani, come era accaduto con Alberto Tomba: due ragazzi di pianura che entusiasmavano per le loro imprese in montagna.

Fu proprio quel giorno, in Mercatone Uno, che mi resi conto di quale fosse il rapporto tra Marco Pantani e i suoi sponsor. Giusto poco tempo prima di questo incontro, il dottor Squinzi aveva dato a Marco un assegno in bianco per convincerlo a passare nella sua squadra, la Mapei: Marco aveva rifiutato. ***Aveva preferito restare alla Mercatone Uno*** perché era attaccato a quella maglia e a quella squadra, ***che considerava una sorta di famiglia e che gli era restata vicina anche nei momenti bui.*** Per esempio, dopo lo sfortunato episodio del gatto: nel 1997 era successo che un gatto (bianco) aveva tagliato improvvisamente la strada a un gruppo di corridori durante il Giro d'Italia e Marco era andato a sbattere contro un muretto, ferendosi a una gamba. Questo episodio aveva seguito il grave incidente del 1995, quando un'auto lo aveva investito mentre era in piena preparazione del Giro.
Marco, in particolare, ***era molto legato a un personaggio della squadra, Luciano Pezzi,*** che era stato il suo team manager agli esordi: Pezzi gli ricordava la ***saggezza*** di suo ***nonno***

Sotero, una connotazione che non ha più ritrovato in nessuno dei volti che lo attorniavano nel mondo del ciclismo. Dopo la scomparsa di Pezzi, Marco si ritrovò a parlare spesso con la sua foto per colmare il vuoto che aveva lasciato nella sua vita.

VALORI E RISPETTO

Pantani è sempre stato una persona che credeva profondamente nei valori. Ricordo che un giorno mio marito Paolo mi accompagnò a un incontro di lavoro con Marco e decise di aspettarmi in macchina. Marco mi disse che non avrei mai più dovuto permettermi di fare una cosa del genere. «Paolo è tuo marito, per me è uno della famiglia come lo sei tu per me. Farlo aspettare in macchina è una mancanza di rispetto». Marco era così... ***A quei tempi guadagnava quasi come un calciatore, nonostante il ciclismo fosse uno sport decisamente più povero, ma era rimasto sempre se stesso:*** mantenne la sua residenza a Cesenatico, continuava a uscire con gli amici di sempre e condivideva con loro la sua notorietà.

Alberto Tomba, un solo obiettivo: vincere

Faccio spesso ai miei clienti l'esempio di **Alberto Tomba**, con il quale ho avuto il piacere di lavorare nel corso del suo post carriera. Alberto, che ha dedicato una vita allo sci, anche quando si ritrovava settimo o decimo nella prima manche, scendeva sempre con l'obiettivo di vincere: non gli interessava semplicemente "piazzarsi". Non ha mai tradito chi credeva in lui. È ovvio che ogni tanto faceva le sue "stupidate", come quando ha usato la paletta da carabiniere per saltare una fila: ha sbagliato ma la gente gli ha sempre perdonato tutto proprio perché lui sugli sci non ha mai tradito la fiducia del suo pubblico. È Tomba "la bomba"! Nel 1988 si interruppe persino il Festival di Sanremo per permettere agli italiani di vederlo scendere a Calgary, quando vinse l'oro Olimpico in slalom speciale.

Marco Pantani, Max Biaggi, Alberto Tomba non hanno semplicemente "vinto" come sportivi ma sono entrati nella storia: hanno dato tutto per il loro sport e il loro pubblico.

La gente si identificava in loro: si fermava l'Italia per vedere Tomba scendere, per vedere Pantani scattare in salita e Biaggi sfrecciare in motomondiale.
Dalla mia relazione con questi personaggi ho portato a casa quello che trovate in questo libro.

UN GRANDE INNOVATORE

Durante il nostro incontro con i vertici della sua squadra, Pantani decise che la Mercatone Uno sarebbe rimasta la proprietaria dei suoi diritti di immagine, a fronte di un cospicuo contratto. A me fu affidato il compito di controllare, gestire, vigilare e consigliare.

«ADESSO È TUTTO IN MANO TUA. IO TI DO TUTTA LA MIA FIDUCIA... TU NON TRADIRMI» MI DISSE PANTANI. FU COSÌ CHE NACQUE IL NOSTRO RAPPORTO.

Da quel giorno mi ritrovai in un vortice di relazioni. I giornalisti non mi vedevano di buon occhio (Marco, giustamente, mi usava spesso come filtro) così come tutti i personaggi che lavoravano nel ciclismo, che mi consideravano colei che andava sempre a battere cassa e soprattutto un'intrusa.
Marco Pantani, bisogna ammetterlo, è stato un grande innovatore nel mondo del ciclismo: ben vent'anni fa ha voluto

che fosse una donna a fare da sua manager personale, in un mondo estremamente maschilista.

PANTANI E LA PAUSINI

Dopo aver concluso la trattativa per il rinnovo del contratto con la Mercatone Uno mi impegnai a divulgare il nome di Marco Pantani e a "promuoverlo" sui media e tra le aziende che potevano aver bisogno della sua immagine per le loro promozioni. Nel mese di settembre del 1998 mi trovavo a Riccione per la convention CGD, che coinvolgeva i discografici, i loro distributori e i vari artisti della casa discografica. Tra gli artisti c'era anche ***Laura Pausini***. Mi dissero che Marco Pantani era l'idolo della Pausini, romagnola anche lei, e mi chiesero se si poteva organizzarle una sorpresa facendo venire Pantani alla cena della casa discografica. Ero un po' in imbarazzo ma lo chiamai. Marco accettò e mi disse che sarebbe passato a prendermi con degli amici. Si presentò con un ritardo clamoroso a bordo di una vecchissima Mercedes che procedeva a singhiozzo: il viaggio dal mio hotel al ristorante fu comico, anche perché la macchina ogni tanto si fermava... Arrivati al ristorante, quando Laura vide Pantani non capì più niente. Fu una serata divertentissima, oltretutto Marco amava cantare. Un suo amico presente alla cena mi chiamò per farmi sapere che Marco gli aveva detto che tra noi due si era già instaurato un rapporto di grande tenerezza: «Si sente talmente protetto che a te non riuscirebbe mai a dire di no». ***Era la terza o quarta volta che lo vedevo ma anch'io provavo lo stesso sentimento di tenerezza per Marco: mi sembrava un anatroccolo bisognoso di protezione. Da un lato il suo innegabile carisma mi intimidiva, dall'altra percepivo il suo grande bisogno di affetto.***

Da questo incontro "casuale" nacque poi una collaborazione. Il manager di Laura Pausini, Alfredo Ceruti, mi fece sapere che Laura doveva fare il video di una canzone del nuovo album e decidemmo di registrare uno spot con Laura e Marco su un tandem sul lungomare di Cesenatico. Per certi versi, fu la prima operazione di immagine che facevo per Marco: da ciclista a protagonista di un videoclip di una delle più famose cantanti italiane. "Non male" mi dicevo.

LE PRIME FRIZIONI

Sotto il profilo professionale, Marco era tanto pignolo ma allo stesso tempo delegava molto. A volte ero davvero in difficoltà. Diceva che si fidava di me e che non dovevo spiegargli tutti i dettagli di quello che facevo per lui. ***«Io non devo spiegare agli altri quello che voglio. Se uno mi vuole bene mi capisce e se tutela i miei interessi lo fa senza che io glielo debba suggerire» mi ripeteva spesso.***

ERA UNA PERSONA ATTENTA, SOTTILE, MOLTO DIFFICILE: TUTTO QUESTO MI STIMOLAVA A CERCARE DI NON SBAGLIARE E A NON DELUDERE MAI LE SUE ASPETTATIVE, ANCHE SE **NON ERA UN COMPITO FACILE**, SOPRATTUTTO **IN QUEL TIPO DI AMBIENTE E DATA LA MIA GIOVANE ETÀ**.

L'inverno passò tra le riunioni di rito, la presentazione della squadra, le prime corse stagionali. Marco mi portò a conoscere tutti gli sponsor della squadra e, tra questi, c'era la Citroën:

Pantani era il testimonial di una loro auto. A ridosso della partenza del Giro d'Italia, andammo a Chia Laguna per girare uno spot e in quella situazione ***mi scontrai per la prima volta con il suo carattere complicato. Non era un periodo ottimale per quel tipo di operazione visto che Marco era totalmente assorbito dalla preparazione per il suo importante appuntamento agonistico.*** Pantani aveva in mente solo di allenarsi per il Giro e non fu felicissimo di dover fare anche l'attore "a tempo pieno". ***In quei giorni, infatti, una volta terminato l'allenamento del pomeriggio, si doveva fermare sul set fino a sera inoltrata: quella cosa proprio non gli andava giù.*** Il regista voleva girare diverse scene, per Marco invece doveva essere "buona la prima". Mi ripeteva fino all'esaurimento che voleva concentrarsi solo sulle cose importanti dato che il suo lavoro era quello di fare il ciclista. ***Ero diventata il bersaglio delle sue critiche e delle sue lamentele, dal momento che ero la persona incaricata di vigilare sugli accordi presi, anche se risalivano a prima del mio arrivo in scena.*** Il punto è che aveva ragione e anch'io condividevo il suo pensiero. Morale: nel contratto comparivano delle clausole che a Marco non andavano bene e mi fece recitare lo "scomodo" ruolo di colei che si doveva lamentare con la Mercatone Uno. Viceversa, la squadra giustamente rivendicava il diritto di rientrare con gli investimenti fatti su Pantani e mi rimproverava di aver fatto spendere loro troppi soldi per il rinnovo del contratto.
Feci comunque presente alla Mercatone Uno che ***la cessione dei diritti di immagine era sicuramente importante anche per il loro investimento ma che era indispensabile tener conto delle esigenze sportive di Marco*** e quindi si doveva fare più attenzione nel redigere i calendari degli impegni extra sportivi. Questa esperienza mi fece comprendere che ***di lì in avanti avrei visto davvero i sorci verdi.***

***«Vado forte in salita per abbreviare l'agonia»
disse Marco Pantani al grande giornalista Gianni Mura
durante un'intervista. Mura coniò per Pantani
un soprannome che resterà per sempre: Pantadattilo.***

IL GIRO D'ITALIA 1999

Arrivammo così alla vigilia del Giro d'Italia del 1999 e Marco mi disse che avrei dovuto seguirlo in tutte le tappe. La Mercatone Uno non era d'accordo: una donna non poteva stare nello stesso albergo della squadra. Per prendere le misure con quell'ambientino decisi di partecipare alla prima tappa e poi di capire come si evolvevano le cose, tanto accanto a Marco c'era sempre qualcuno. In tutta onestà mi sentivo più utile a stare in ufficio a lavorare: in squadra, infatti, non avevo alcun ruolo attivo, ero una sorta di spettatore incaricato di valutare l'interesse delle aziende nello sfruttamento dell'immagine di Pantani.
Mi recai così alla prima tappa del Giro, ad Agrigento: effettivamente, ero l'unica donna in mezzo a corridori, massaggiatori, direttori sportivi. Ricordo che ai tempi perfino le giornaliste potevano partecipare al Giro solo con un'autorizzazione. Io ero la manager (donna) di Marco Pantani, che era il ciclista numero uno al mondo in quel momento: provate a immaginare... Ma mi sentivo forte, sicura, e non mi importava di quello che pensava o diceva la gente.
Avevo sempre in testa quello sguardo di intesa che io e Pantani ci eravamo scambiati durante il nostro primo incontro e che è stato un po' il filo conduttore di tutta la nostra storia professionale.
Dopo la gara di Agrigento, comunque, decisi di tornare a casa: obiettivamente, non era l'ambiente che avrei dovuto frequentare per svolgere al meglio il mio lavoro.

DALLA SOGLIA DEL PARADISO...

I dirigenti della Mercatone Uno mi chiamarono per dirmi che al Giro c'era molta tensione. Quando iniziò la gara, era in atto un braccio di ferro tra la Federciclo spalleggiata dal CONI e l'Unione del Ciclismo Internazionale (UCI) a proposito dei controlli antidoping. A seguito di una sciagurata conferenza stampa tenuta da Marco ***non emerse il fatto che Pantani contestava, a nome di tutti i ciclisti, la sovrapposizione dei controlli: agli occhi di tutti sembrava che Marco non gradisse la presenza del CONI per paura di essere "beccato". Follia. Ma da quel momento partì una vera e propria caccia alle streghe.*** Purtroppo queste vicende le avevo seguite da lontano, non in presa diretta, oltretutto ero distante anche dalle dinamiche specifiche del mondo del ciclismo.

Marco era nelle posizioni di testa al Giro d'Italia anche quell'anno, dopo la doppietta Giro e Tour del 1998. Un piccolo grande uomo capace di regalare alla gente emozioni uniche. Se avesse vinto Giro e Tour anche nel 1999 sarebbe entrato nella leggenda ed era proprio l'impresa che Marco Pantani sognava di poter realizzare.

Tappa dopo tappa, ***il Giro arrivò a Madonna di Campiglio. Inarrestabile, Pantani vinse anche qui: era sulla soglia del paradiso.***

... ALL'INFERNO!

Era arrivato il mio momento: mi recai a **Madonna di Campiglio**. Eravamo alla vigilia del tappone del Gavia e del Mortirolo: Marco indossava la Maglia Rosa e se avesse vinto anche lì la vittoria al Giro sarebbe stata ipotecata. Bisognava assolutamente festeggiarlo. A Campiglio non potevo dormire nell'hotel della squadra di Pantani e mi recai in un altro albergo. Il baule della mia Y10 era pieno di divise da ***pirata***: tutto era pronto per i festeggiamenti.
Quella sera tutti sapevano che il mattino dopo avrebbero fatto dei controlli ai primi dieci in classifica generale e dunque anche a Marco, che era in testa al Giro. Io ero all'oscuro di queste dinamiche, ma ero tranquilla. Tutti erano tranquilli.

La mattina, serena e pimpante, mi recai al villaggio della partenza. Incontrai Angelo Zomegnan, vicedirettore della Gazzetta dello Sport, che mi guardò e scosse la testa. Volete sapere la verità? Poiché indossavo il mio solito tacco 12 con il tailleur d'ordinanza, pensai che "disapprovasse" il mio look. Chi poteva immaginare lo scenario che mi attendeva? Arrivai al villaggio degli atleti e Davide De Zan mi disse incredulo che avevano fermato Marco Pantani perché gli era stato riscontrato un valore di ematocrito fuori dalla norma e lo avrebbero mandato a casa.

***L'inferno era dietro l'angolo.
Eravamo alla penultima tappa del Giro
e Marco aveva sei minuti di vantaggio sul secondo.
Che senso poteva avere?***

«IL PIRATA ESCE A TESTA ALTA DALL'INGRESSO PRINCIPALE»

Mi recai di corsa verso l'hotel della squadra. Chiamai il direttore sportivo della Mercatone Uno, Martinelli, che mi urlò di entrare e di unirmi a loro. All'ingresso trovai un muro di giornalisti. Chiesi dov'era Marco e mi dissero che si era chiuso in camera: nessuno aveva il coraggio di affrontarlo. Bussai e mi fece entrare.

Era appoggiato al muro, seduto su un comò. La prima cosa che mi disse fu: ***«Ti ho già delusa, vero?»***. Lo rassicurai e cercai di sdrammatizzare spiegandogli che io, di ematocrito, non sapevo nulla di nulla. Soprattutto, gli ribadii che era stato sospeso per tutelare la sua salute visto che l'ematocrito era fuori norma. «Non ti preoccupare, stiamo tranquilli, verifichiamo cosa è successo» gli dissi.

«Sono stato fregato» mi rispose e mi raccontò tutte le strane dinamiche di quella mattinata di delirio. ***«Non mi fido più di nessuno. Smetto di correre.»***

Il suo addetto stampa voleva farlo uscire dal retro dell'hotel perché davanti c'erano mille giornalisti. Mi opposi.
«Il pirata esce a testa alta dall'ingresso principale, non scappa da una porta di servizio. Non lasciarti prendere dall'emozione e da considerazioni affrettate: non hai nulla da nascondere» gli dissi.
Lo fece e davanti alle telecamere disse quella frase che è rimasta nella storia: «Dopo una lezione così, anche a malincuore, devo dire che se succede questo a uno sportivo come me c'è da pensare... Avevo la Maglia Rosa, sono stato controllato due volte, l'ultima avevo l'ematocrito a 46 e adesso mi sveglio con questa brutta sorpresa. C'è qualche cosa di strano. ***Ripartire dopo una batosta come questa... L'ho fatto dopo grossi incidenti, mi sono sempre rialzato, ma questa volta non mi rialzo più...*** Ora vorrei solo un po' di rispetto. ***Penso ai miei tifosi, mi dispiace per loro e per il ciclismo***».

MARCO NON È MORTO A RIMINI: È MORTO A MADONNA DI CAMPIGLIO.

IL (DIABOLICO) POTERE DEI MEDIA

Il potere della comunicazione è diabolico: agli occhi del mondo intero Pantani era stato trovato positivo al doping, ovvero sembrava che dagli esami che gli avevano fatto fosse stata trovata la presenza di EPO. Non era così. Marco non è mai stato trovato positivo ad alcun esame antidoping: mai!
Qualche ora dopo il prelievo, il medico della squadra fece un altro prelievo a Marco, che fu mandato in un laboratorio riconosciuto dalla Federciclo mondiale: era tutto a posto. ***Pantani ha sostenuto con vigore di aver sempre rispettato le regole del suo ambiente. Se poi le regole non erano "regolari", per usare un paradosso, non era colpa di Marco.***

Tutte le informazioni dei media erano mirate a distruggere Marco Pantani senza attenuanti. Nessuno ha avanzato il dubbio che potesse o dovesse esserci un errore, anche accidentale e non voluto. Nessun dubbio sul fatto che qualcosa non avesse funzionato nel meccanismo del controllo. Nessun dubbio nemmeno sulla sua colpevolezza.

La scarsa attendibilità di quell'esame, comunque, ha trovato conferma l'anno successivo, quando è stato completamente cambiato il metodo di controllo alla luce delle troppe variabili alle quali poteva essere suscettibile.

MARCO È STATO CONDANNATO A MORTE ANCOR PRIMA DI SUBIRE IL PROCESSO.

L'INIZIO DEL CALVARIO

Da Madonna di Campiglio Marco si recò subito a Imola per sottoporsi a ulteriori verifiche: ***gli esami risultarono corretti. Tutto regolare, i valori erano nella la norma.***
Si rinchiuse nella sua casa di Cesenatico: fuori lo attendevano centinaia di giornalisti, telecamere, flash. Si sentiva assediato: ***non sopportava l'idea di essere spiato in casa sua. Questo per lui fu uno dei traumi più violenti.***
Continuava a ripetere: ***«Qualcuno mi deve dare una spiegazione di quello che è successo, qualcuno mi ha fregato!».*** La sua angoscia era legata all'aver perso il Giro che aveva in tasca e al quale teneva così tanto. E il suo pensiero andava alla gente, ai suoi tifosi.

«Chissà adesso la gente cosa pensa di me, ho deluso tutti, ma devono sapere che io non ho fregato, sono io quello

fregato. Crederanno invece che è tutto vero, che io ho rubato e tutti i sacrifici che ho fatto finora verranno messi in discussione. Questo non posso sopportarlo...» diceva Pantani.

Qualche volta mi chiedeva di andare da lui. Mi precipitavo a Cesenatico ma quando arrivavo non mi apriva la porta. Feci molte volte la strada Milano-Cesenatico senza mai riuscire a vederlo. ***Francamente, non riuscivo a capire cosa stesse succedendo a Marco, ma immaginavo fosse depresso e arrabbiato: era sulle pagine di tutti i giornali dipinto, ingiustamente, come un mostro.***
In più, riceveva in casa amici e presunti tali e ciascuno gli comunicava la sua verità, mandandolo ancora più in confusione. ***Dal mondo del ciclismo, però, si sentì messo in un angolo.*** Con i fatti di Campiglio, Marco aveva pagato da un lato per l'invidia degli altri corridori, offuscati dalla sua grandezza, e dall'altro per la sua presa di posizione contro le istituzioni. Contro il parere di molti, me compresa, decise di non partecipare al Tour de France. Non voleva correre con quell'etichetta di dopato appiccicata addosso.

MARCO NON SI DAVA PACE: **SAPEVA DI AVER RISPETTATO LE REGOLE IMPOSTE DAL SUO AMBIENTE**, MA LA SENSAZIONE CHE NESSUNO GLI CREDESSE LO STAVA DISTRUGGENDO.

Sotto il profilo lavorativo era stato stabilito, per volontà di Pantani, che avrei ricoperto un ruolo attivo all'interno della squadra per la stagione successiva: ***sarei diventata il general manager della Mercatone Uno.***

Un giorno andai a prendere Marco per portarlo dagli avvocati: in quel periodo ero in contatto perenne con la squadra, che si ritrovava a gestire avvocati e procure.
Marco salì in macchina, era molto strano e mi disse che non voleva andare da nessuna parte. Mi fece andare a casa della sua fidanzata, dicendomi che ***mi doveva parlare di una cosa gravissima.***

ERA APPENA SUCCESSO L'INFERNO DI MADONNA DI CAMPIGLIO, COS'ALTRO POTEVA ACCADERE?

"QUELLA" CONFIDENZA

Entrammo a casa della sua fidanzata Christina: c'era parecchio disordine, tra letto sfatto, piatti sporchi accumulati da giorni, odore di pittura e tele sparse ovunque dal momento che la ragazza dipingeva. Marco iniziò a camminare avanti e indietro nella stanza e ***mi disse ciò che ha cambiato per sempre il corso della nostra relazione.***
«È inutile andare avanti, Manu, io sono finito. Sono un drogato». Istintivamente pensai a una confessione su Madonna di Campiglio. ***«Non c'è più niente da fare. Mi hanno dato della cocaina. Ora io sono un drogato e da solo non riuscirò più a uscirne. Non riportarmi a casa, te ne prego. Ho bisogno di riflettere, portami con te».*** Non mi sentivo più le gambe. Quando poi mi rivelò il vero motivo per cui aveva iniziato a usare la cocaina rimasi senza parole. Qualcuno, infatti, gli aveva detto che con quella sostanza sarebbe riuscito a vedere al di là della realtà e Marco pensò che usandola avrebbe potuto finalmente scoprire chi l'aveva tradito a Campiglio. Fu una situazione surreale. Ci abbracciammo e Marco pianse a dirotto. ***«Stai con me e da questo guaio ne usciamo. Ti aiuto io»*** gli dissi. Uscendo da quell'appartamento mi sentivo soffocare: mi mancava l'aria.

«NON LASCIARLO DA SOLO NEANCHE UN SECONDO»

Quella di Marco fu una confidenza e gli giurai che non ne avrei parlato con nessuno.
Ma non potevo non confidarmi con mio marito (anche se in quel frangente eravamo ancora fidanzati: ci sposammo qualche mese dopo): era una situazione troppo delicata. Lo chiamai immediatamente e gli dissi: «Amore, Pantani mi ha appena detto che fa uso di cocaina». Ero talmente ingenua che quasi non sapevo cosa fosse questa sostanza: figuratevi che in vita mia non avevo mai visto nemmeno una canna. ***Paolo mi rispose: «Se lo vogliamo aiutare, ora non lo devi mollare più. Sono con te, Manu, non lasciarlo da solo neanche un secondo».***
Auguro a tutti la fortuna che ho avuto io incontrando Paolo, una fortuna che io e mio marito ci siamo però conquistati. Perché stare insieme trent'anni, con le vite che facciamo, completamente diverse l'una dall'altra, è una gran bella sfida. ***Anche per affrontare "il problema Pantani", dunque, mio marito fu per me determinate.***

L'INIZIO DEL VERO CALVARIO

Da questa ***confessione*** ebbe inizio il ***vero calvario***.
Mi sono gettata in questa impresa come una crocerossina. Mi documentai dettagliatamente sulla cocaina, che a quel tempo sembrava persino una droga meno pericolosa dell'eroina. Col cavolo! Forse è stata l'incoscienza di non capire bene lo scenario in cui mi trovavo che mi ha dato il coraggio di affrontare quella situazione.

È stato in questa circostanza che ho iniziato a conoscere davvero Marco Pantani: si era creata un'intimità di relazione che andava oltre quella professionale di gestione dei giornalisti o degli sponsor.

Iniziai a preoccuparmi: tra me e me pensavo che dovevo tirarlo fuori da quel pasticcio ma non potevo andare a vendere una "mela marcia" dicendo che era sana.
Marco mi aveva chiesto di non rivelare questo pesante segreto della cocaina: si era fidato di me. Lo dovevo aiutare: non potevo certo rivelare al mondo una cosa così privata. Ma non era facile.

COME SI POTEVA SEPARARE LA VITA PRIVATA DA QUELLA PROFESSIONALE QUANDO SI TRATTAVA DI MARCO PANTANI?

Il mio cuore e la mia mente avevano iniziato a erigere barriere protettive: da una parte il ruolo di amica, dall'altra quello di manager. Dovevo toglierlo da quel guaio e la salute di Marco fu l'unica cosa che mi presi a cuore da quel momento in poi: il resto era secondario ma dovevo comunque tener fede al ruolo "ufficiale" che mi era stato assegnato. ***Le scelte professionali, dunque, d'ora in avanti avrebbero dovuto dare una risposta non solo alle esigenze di un campione e della sua squadra, ma anche e soprattutto a quelle di un uomo che sentiva di aver perso la propria dignità.***
In questo frangente facevamo lunghissimi viaggi in macchina per andare dagli avvocati e per recarci da una procura all'altra. Gli piaceva muoversi sulla mia utilitaria perché diceva che da lì ***poteva osservare il mondo senza la paura di essere osservato.*** Marco viveva sotto assedio e la mia auto non la conosceva nessuno. In macchina cantavamo sempre e riuscivamo anche a stemperare la tensione, facendoci tantissime risate insieme. Certi momenti resteranno con me e non li dimenticherò mai.

IL MIO MENTAL COACH

Un medico un giorno mi disse che se Pantani non avesse avuto il fisico che aveva sarebbe morto anni prima, considerando le dosi che si faceva negli ultimi anni della sua vita. Marco però mi ha sempre detto che ***era la testa a fare la differenza, non il fisico.***
Quando ero incinta di mio figlio Filippo, Marco mi fece persino da ***mental coach***. Avevo una paura incredibile del parto e lui mi ripeteva che dipende tutto dalla nostra testa. «Quando sto scalando una montagna, sento il dolore nelle gambe, sembra che io non riesca più a fare mezzo metro, mi viene da mollare, ma è la testa che comanda e mi dice di andare avanti. Tu al tuo fisico puoi far fare quello che vuoi, l'importante è che la testa sia libera e riesca a ragionare. ***È il muscolo della nostra mente che andrebbe allenato più del fisico***».
Pantani mi fece capire come accettare il dolore e come si impara a gestirlo. Se lo accetti e lo gestisci riesci a dominarlo, se non lo accetti non ce la farai mai.

Marco aveva una determinazione unica e riuscì a fare tutto questo finché "rimase" Marco Pantani. Quando la cocaina prese possesso della sua testa non fu più lui: diventò un'altra persona.

L'AMORE, LA FAMIGLIA, LA RELAZIONE

Marco Pantani e io non siamo sempre andati d'accordo. In alcuni momenti, poiché ignoravo come ci si deve muovere in certi ambienti, ho fatto delle scelte sbagliate: ero come ***un elefante in una cristalleria***. Ma i miei errori nel "dorato" mondo del ciclismo non sono mai stati un tradimento umano bensì errori tecnici e di valutazione. Per esempio, all'inizio, quando dovevo cercare gli sponsor, per farlo stare tranquillo e farlo respirare, gli dicevo di non preoccuparsi, «Ci penso io», addossandomi responsabilità maggiori di quelle che dovevo assumermi. Succedeva che magari non riuscivo a chiudere una sponsorizzazione importante ma per non farlo star male, in assoluta buonafede, non glielo dicevo per non farlo preoccupare. E lui mi accusava, giustamente, di averlo illuso.

FU IN QUEI MOMENTI CHE IMPARAI A **PORMI IN UN ALTRO MODO PER EVITARE DI DELUDERE LE ASPETTATIVE DELLE PERSONE.**

«SEI LA MIA PRIMA AMICA»

Pantani ha gestito la sua relazione con me con grande dignità: è stato disposto a ricevere delle critiche per aver scelto una donna, donna che si è trovata a dover affrontare il periodo più difficile della sua vita e della sua carriera. Nonostante le critiche alla sottoscritta, ***Marco ha difeso la relazione perché tra noi due c'era onestà intellettuale, sincerità, ci bastava guardarci negli occhi (nel bene e nel male). Io e Marco eravamo "innamorati" l'uno dell'altra*** ma non fisicamente: la nostra era a tutti gli effetti una relazione. Io e mio marito l'abbiamo accolto nella nostra famiglia senza barriere: Marco soffriva perché vedeva nella mia famiglia quello che avrebbe desiderato per sé. Fu una sofferenza pazzesca. Gli ho dato tanto amore, ma non era l'amore di cui Marco aveva bisogno. Ogni tanto mi diceva: ***«Io vorrei avere al mio fianco una donna con le tue caratteristiche, sono certo che ne trarrei un grande giovamento. Ma tu rappresenti solo il 70%, mi manca quel 30% che è dato dall'intimità»***. Marco avrebbe davvero avuto bisogno di una donna che lo amasse incondizionatamente, che lo accudisse, che nell'intimità riuscisse a fargli coraggio con amore.

La condivisione di un percorso di vita con una persona che ti completa: questa mancanza umana ha condizionato la vita di molte persone, anche quella di Pantani.

Marco si sentiva un po' Calimero. Mi diceva spesso: «Adesso che sono Pantani mi fanno tutte la corte, prima non mi guardavano nemmeno. ***Ma come faccio a capire chi è vero con me? A capire chi mi ama davvero e chi vuole starmi vicino solo per interesse?»***.
Io e Marco abbiamo anche litigato molto. Non dico sempre sì, per partito preso, ai personaggi con cui lavoro: motivo per cui ***i confronti, anche accesi, fanno parte della relazione.*** Ho sempre cercato di dare consigli onesti e sono sempre stata molto lineare. Con Marco facevo lo stesso. Mio marito sapeva quanto cuore e anima sono solita mettere nelle relazioni umane con i miei "clienti", per questo faceva delle foto ai messaggi che mi mandava Marco: voleva avere un ricordo da far vedere ai nostri figli e mostrare loro come la mamma, sempre con onestà, aveva saputo gestire certi rapporti e come si relazionava con certi personaggi al di là di quello che dicono o potrebbero dire le altre persone. Questi messaggi li ho memorizzati nel cuore. Un giorno Marco mi scrisse: ***«Sei la mia prima amica»*** e restai di sasso: pensare a come mai Marco era arrivato a dirmi una cosa del genere mi gelò. Ho fatto fatica a godere del suo complimento per via dell'immensa tristezza che quel messaggio portava con sé. Conservo ancora questo messaggio grazie a una foto che scattò mio marito al display del telefonino, un Nokia di primissima generazione... Da una parte mi sentii (e mi sento ancora oggi) onorata, dall'altra avvertii una profonda angoscia. Un uomo solo al comando... e lo hanno davvero lasciato solo. Quando mi scrisse ***«Manu tu sei il mio punto di riferimento morale»*** eravamo da poco entrati nella fase dei casini veri, quando iniziarono tutti i problemi. In quel frangente sono

stata criticata moltissimo. In tanti si domandavano come mai Marco avesse scelto una donna e ipotizzarono persino che fossi la sua amante. Mi dissero che avevo fatto le "macumbe" a Pantani. Un giorno Candido Cannavò mi convocò nel suo ufficio alla "Gazzetta dello Sport" e a un certo punto mi chiese chi mi avesse messa al fianco di Marco. Gli risposi secca: «Non so come funziona da voi, ma io sono stata chiamata direttamente da Pantani». Fine della questione.

IL VALORE DEL SILENZIO

Marco mi ha raccontato diverse cose davvero toccanti sulla sua infanzia e della sua vita privata: nel mio cuore sono custodite tante sue confidenze e lì resteranno per sempre. Non le rivelerò mai a nessuno. Mai. Non è corretto strumentalizzare delle vicende intime per giustificare dei fatti e delle azioni. ***Quelle cose, però, io le so e so perché Marco si è comportato in un certo modo e io di conseguenza.*** Ma Marco non c'è più e ho deciso di non rivelarle perché metterei in difficoltà diverse persone. Molti mi hanno criticata con cattiveria. Lo fanno tuttora appena capita l'occasione. Preferisco non restituire cattiveria a chi mi getta addosso cattiveria e ho scelto di non replicare alle illazioni e alle offese: ***Marco non è più qui per dire cosa era vero e cosa no.*** Era una persona molto riservata e io preferisco tacere piuttosto che mettere a nudo l'intimità a cui teneva molto perché so che lo offenderei e gli farei del male.

ESPERIENZA IN AZIONE

Gli aneddoti che racconto su Marco Pantani non sono quelli sportivi: si tratta piuttosto di alcuni episodi utili a far comprendere quello che ha dovuto passare a livello umano nel dover gestire gli impegni che si era preso.

La bicicletta è stata il mezzo con cui ha riscattato se stesso. A Madonna di Campiglio Marco si è visto togliere proprio la bici, che era il suo strumento espressivo: così come si uccide un pittore se gli si toglie il pennello, allo stesso modo quel giorno Marco si sentì morire.
Quello che accadde dopo fu ancora più difficile per lui, perché si ritrovò improvvisamente calato nella realtà di tutti i giorni, una realtà che non era abituato a vivere. Era sempre in gara, sempre ad allenarsi, sempre lontano dalla normale vita quotidiana. Qualsiasi problema, anche piccolo, diventava per lui un problema insormontabile.

Noi esseri umani, con la nostra incapacità di saper ascoltare e di dare alle persone la possibilità di spiegarsi, uccidiamo gli altri ancora prima di aver fatto il processo, pronti poi a fare una smentita di due righe a fondo pagina che non leggerà nessuno.

Con questo modo di affrontare le cose viene calpestata la dignità di una persona a favore dello show, degli ascolti, dei click.
Ridare dignità alle persone che non ci sono più non serve a niente: bisogna avere il coraggio di farlo quando le persone sono in vita, andando in controtendenza e ascoltando le loro ragioni. Questo è quello che ho imparato dalla mia relazione con Marco e che mi porto dentro. Oggi, prima di giu-

dicare o accusare una persona ci penso cinque volte perché so quanto il giudizio affrettato abbia fatto male a Marco ed è il motivo per cui lui ha cercato rifugio nella droga. Se fosse stato un ipocrita, dopo Madonna di Campiglio avrebbe fatto i giorni di stop previsti, sarebbe tornato a correre e la sua carriera sarebbe continuata serenamente. Se Marco non fosse stato un puro, ma un bugiardo che tradiva le persone, avrebbe potuto benissimo scontare lo stop e alla fine sono sicura che avrebbe avuto tutti dalla sua parte. E tutti avrebbero criticato il sistema che l'aveva costretto a fermarsi.
Perché non lo fece? Perché era Pantani, non uno qualunque. Non puoi sputare veleno su una persona e pensare che lei se ne freghi e torni come prima. ***Marco era molto sensibile, era una persona che teneva ai valori.*** Lo hanno escluso da quel maledetto Giro d'Italia del 1999, ma oggi nessuno si ricorda chi lo vinse. E nemmeno chi lo vinse negli anni a seguire.

Chi è riuscito a lasciare il segno nel cuore della gente come Marco Pantani?

DUE MOMENTI DA RICORDARE

Sono due i momenti che hanno segnato la mia relazione con Marco Pantani e che mi piacerebbe che le persone ricordassero, lasciando da parte per un attimo la bieca speculazione che la storia di questo ragazzo, purtroppo, ha lasciato dietro di sé.

1) - Il funerale della nonna Irma

In quei giorni di caos e di dolore ebbi il privilegio di capire chi si nascondeva davvero dietro quegli occhioni. Era appena mancata la nonna di mio marito, la signora Irma, che abitava a Cimamulera, un paesino vicino a Macugnaga. La nonna Irma era una donna eccezionale, la nonna per eccellenza. Paolo le era legatissimo.
Il giorno del suo funerale dovevo recarmi con Marco a Torino, in procura, per una vicenda legata alla Milano-Sanremo. Mio marito mi disse che non dovevo assolutamente lasciare Marco da solo.

«La nonna stai tranquilla che capirà» mi tranquillizzò Paolo. Ovviamente quando Marco seppe del funerale non volle che lo accompagnassi. Gli feci cambiare idea.
A Torino risolvemmo la questione in pochi minuti.
Mi sarebbe piaciuto provare a raggiungere il funerale della nonna Irma. Pioveva e nevicava. Marco volle venire con me. Arrivammo a Cimamulera: la nonna stava per essere portata fuori di casa. Paolo si voltò, vide la mia macchina, vide che c'era anche Marco e scoppiò a piangere. Marco preferì restare in auto. «Non voglio distogliere l'attenzione della gente dalla nonna» disse. **Fui commossa dalla sua dolcezza e dal profondo rispetto che mi stava dimostrando. Era una ricchezza che Marco faticava a esprimere, ma che non poteva non affascinare non appena riusciva a manifestarla.**
Mio padre uscì dalla chiesa e gli propose di andare a bere un caffè in paese, anche perché faceva freddissimo. Ovviamente appena si sparse la voce della sua presenza in paese tutti gli uomini uscirono in strada. Marco volle recarsi a salutare la nonna Irma in chiesa. Fu una giornata che non dimenticheremo per tutto il resto della nostra vita. Mai. Marco era così. Ha voluto onorare la mia relazione con Paolo e gli affetti della famiglia: ha voluto stare in un angolo per rispettare questa relazione.

2) - «Io e te siamo le stelle della tua mamma»

Mio figlio Filippo è nato il primo di ottobre 2003. Un mese prima del parto Marco stava a casa di un amico: con il mio pancione non potevo più correre da una parte all'altra e i medici mi imposero di fermarmi. Quando nacque Filippo, Marco venne a trovarci al lago, dai miei genitori. Mi portò un carillon d'argento con dei piccoli orsetti e due catenine identiche con una stella di brillanti. A un tratto si avvicinò alla culla, mise a Filippo una catenina e l'altra la indossò lui stesso dicendo: **«Io e te siamo le stelle della tua mamma».** Sipario.

IL BUCO DELL'ANIMA

Io e Marco ci siamo rivisti alcuni mesi dopo la nascita di Filippo. Mi chiamò per dirmi che aveva discusso con l'amico con il quale conviveva: non voleva più stare in casa con lui e nemmeno tornare dai suoi genitori. Mio marito andò a prenderlo a Forlì e Marco si trasferì da noi. Marco si faceva portare la droga a casa nostra, io e Paolo gliela facevamo puntualmente buttare via.

Abbiamo fatto di tutto per farlo disintossicare. Lo portai persino dal dottor Furio Ravera ad Appiano Gentile per provare a ricominciare da zero per l'ennesima volta. Marco ripeteva sempre: ***«Il mio problema non è la cocaina, dovete solo trovarmi chi mi ha tradito a Madonna di Campiglio».*** Quello era il suo chiodo fisso. Purtroppo però, sappiamo tutti che questa maledetta sostanza ti rende schiavo, ti mette in un angolo, ti fa sentire uno schifo. Marco raccontava che appena finito il suo effetto arrivava puntuale il *rebound* e l'unico desiderio che una persona sente è quello di tornare subito in quel limbo e in quel senso di onnipotenza che la cocaina, in modo effimero, regala: ecco perché quando si smette è un disastro. Succede che chi la utilizza in genere si isola, ha gli incubi, vede complotti ovunque, pensa che tutte le persone ce l'abbiano con lui. Questa sostanza stupefacente agisce come potente stimolante del sistema nervoso centrale, come vasocostrittore e come anestetico. Psicologicamente e fisicamente, la cocaina, ti uccide.

***Marco aveva paura a stare da solo
e la cocaina l'aveva reso ancora più solo.***

Nello studio del dottor Ravera, sulla sua scrivania notammo un libro, *Il buco dell'anima*. Marco disse che lui ci era andato molto vicino al buco dell'anima. Il professore gli disse: «Pantani, non ci vada da solo perché poi non riesce più a tornare indietro». Marco ne rimase sconvolto e reagì dicendo al professore che lui non aveva bisogno di andare in clinica per smettere. Il suo unico problema era solo quello di scoprire chi l'aveva tradito a Madonna di Campiglio. Punto e basta. Tornando a casa in macchina, guardando fuori dal finestrino, non smise mai di piangere.

LE ULTIME FOTO DI MARCO PANTANI

Nell'ultimo periodo della sua vita, Marco viveva a casa nostra a Milano: con noi c'era anche mio figlio Filippo, che aveva pochi mesi.

Un giorno Marco mi sgridò perché avevo alzato la voce con lui mentre avevo il bimbo in braccio. Filippo piangeva, Marco lo prese e con infinita dolcezza lo cullò per calmarlo. «Non si grida con i bambini in braccio» disse.
Le ultime due foto di Marco Pantani in vita ce le ho io e sono state scattate esattamente una settimana prima che morisse: in una Marco è ritratto a casa mia mentre sta dando il biberon a mio figlio e nell'altra sono sdraiati sul lettone a vedere la TV mano nella mano, ma in senso opposto. Sembra una metafora. ***Questi momenti e questi ricordi non me li porterà mai via nessuno: la gente può giudicare e dire quello che crede ma solo io e Marco "sappiamo".***

ESPERIENZA IN AZIONE

Questo è un capitolo un po' anomalo: ci deve insegnare che le relazioni vincono su tutto. La fortuna che ho avuto nel conoscere "quel" Pantani mi ha fatto scoprire il segreto del perché Marco Pantani è immortale. Gli aneddoti che ho raccontato, alcuni per la prima volta, devono servire per far sapere a tutti cosa mi sono portata a casa da questa relazione: il coraggio e la coerenza.

LA RICERCA DELLA "FANTOMATICA" VERITÀ

Marco Pantani è morto da martire, indipendentemente da come è andata («L'hanno ucciso», «È la cocaina che l'ha ucciso», «Fu un complotto» ecc.).
Cerchiamo di guardare la storia da un altro punto di vista. ***L'egoismo dell'essere umano lo porta a voler trovare a tutti***

i costi una verità (giustissimo) per restituire (oggi) una dignità a Marco Pantani. Siamo di fronte alla pura ipocrisia: la dignità gliel'hanno strappata quando Marco era ancora in vita e all'apice della sua carriera. Perché? Ci sono alcuni aneddoti legati a Marco che vorrei che le persone ricordassero, in contrappunto a quanto sta succedendo oggi, con la speculazione vergognosa legata a una fantomatica ricerca della verità rispetto alle circostanze della sua morte. Perché le cose non sono andate come è stato detto. Sia chiaro: non sono mai stata contraria alla ricerca della verità, anzi, è doverosa, ma non a discapito della dignità di questo povero ragazzo, che è stato massacrato. Non so quanto Marco sia contento, da lassù, di vedere che ***per scoprire come sono andate davvero le cose sia stato strumentalizzato lui stesso. Dopo la morte di Marco, abbiamo urlato a tutto il mondo che le cose non erano andate come è stato ipotizzato. Siamo stati zittiti.*** Forse sono un po' cinica, ma mi chiedo: come mai tutte le persone che oggi hanno voglia di scoprire la verità, quando Marco era in vita non si sono mai presentate? Era troppo scomodo esporsi a difenderlo? Non accuso nessuno ma non posso non rivelare questo pensiero, alla luce di tutto il dolore che è stato generato. Di recente Davide De Zan ha presentato delle ricerche: pare che sia stato addirittura manomesso il plasma e quindi quel "famoso valore" di Madonna di Campiglio, da cui è partito tutto, non era reale. Adesso vorrebbero ridare il Giro d'Italia a Pantani. Non commento.

QUANDO CI CAPITA
UN TALENTO FUORI DAL COMUNE, NOI ITALIANI SIAMO MAESTRI NELL'AMMAZZARLO.

Marco ha lottato per la sua dignità, al punto da farsi male con la cocaina.

Nella vita bisogna sempre lottare per la propria dignità ma non cercando scorciatoie o scappatoie. Per questo motivo mi sono battuta affinché intitolassero a Marco un Liceo dello Sport, a Busto Arsizio. Un ragazzo come lui, che muore per un'overdose di cocaina non deve essere ricordato per il suo lato oscuro, perché frequentava gli spacciatori e faceva uso di droga: questo è l'epilogo della sua vita, un epilogo che purtroppo è un destino comune a tante persone, soprattutto a quelle più sensibili. Marco ha lottato fino all'ultimo per la sua dignità. ***Siamo tutti esseri umani: tutti sbagliamo. Ma è stata l'ipocrisia a uccidere Marco Pantani, non la cocaina.***
I grandi artisti o gli sportivi da leggenda non conoscevano il raziocinio e non hanno mai avuto mezze misure: una cosa o è bianca o è nera. Generalmente erano tutti caratterizzati da una sensibilità che trascende l'essere umano. Quelle di Freddie Mercury o di Michael Jackson sono morti ricche di retroscena, ma i personaggi sono entrati nella leggenda. Per Freddie Mercury la sua famiglia era la sua band: negli ultimi mesi della sua vita ha messo a disposizione la sua voce per loro. Per Marco il ciclismo era la sua famiglia. È normale che Marco o Freddie si siano immolati per difendere i valori in cui credevano.
Si possono evitare le brutte fini e contare sul lieto fine?

C'È UN "LIETO FINE"?

Nella storia di Marco Pantani il lieto fine è arrivato. Tardi, ma è arrivato. La gente ha cuore e intelligenza per capire da sola le persone. Magari le cattiverie e le maldicenze possono offuscare per un attimo l'opinione che le persone possono avere rispetto a un personaggio. ***Quando è arrivata la notizia della morte di Marco perché la gente si è arrabbiata? Perché si è sentita tradita. E questo è il motivo per cui Marco si è punito con la cocaina: era convinto che le persone pensassero che lui le aveva tradite.*** Non era vero. «Io non ho tradito, ma adesso la gente pensa questo di me» ripeteva. Non mi stancherò

mai di ripeterlo: ***se Pantani non fosse caduto nella trappola di Madonna di Campiglio forse non sarebbe mai arrivato a drogarsi per punirsi per aver perso la sua dignità.***
Ma la gente, alla fine, capisce come sono andate le cose. Quando Marco è mancato, tantissime persone mi hanno detto di aver sentito il vuoto nello stomaco alla notizia della sua morte, pur avendolo criticato in precedenza per tutte le vicende che l'hanno visto coinvolto. Lo criticavano perché sentivano che Pantani aveva negato loro un sogno.

MARCO PANTANI ERA L'EROE DELLA TRAGEDIA GRECA, QUELLO CHE SI RIALZAVA SEMPRE E NON MOLLAVA MAI, ERA UN IDOLO NAZIONAL POPOLARE.

Chi si è arrabbiato con lui non l'ha fatto perché non gli voleva bene, ma perché gli è stato tolto qualcosa. ***Marco Pantani sopravvivrà per sempre.*** Per un certo periodo i media hanno cercato di dare una certa immagine di lui e le persone si sono arrabbiate, si sono ribellate. Erano consapevoli che Marco aveva dato loro qualcosa di grande.

Le persone non amavano l'impresa sportiva in sé,
amavano il Marco Pantani che faceva quell'impresa.
Amavano lui. Era il nostro pirata.
Avrebbe dato la vita per aiutare i suoi compagni
di squadra, gli amici o le altre persone. Era speciale.

Quanto sei disposto a lottare se credi in una relazione umana? L'avrete certamente notato: ai nostri giorni le persone si stanno disabituando a lottare per una relazione, che sia lavorativa o professionale. Si disfano i matrimoni, si mandano all'aria le società, si distruggono amicizie in leggerezza.

QUANTO SEI DISPOSTO A LOTTARE, PER UNA RELAZIONE UMANA IN CUI CREDI, **NONOSTANTE I PROBLEMI** CHE POTREBBE CAUSARTI?

Marco mi ripeteva sempre: ***«Se io e te siamo insieme ci sarà un perché, Manu. Non mi interessa se ti criticano perché sei una donna: io e te sappiamo come stanno le cose. Cosa pensano che io sia uno stupido a tenerti? Chi non fa non sbaglia e tu il coraggio di provarci l'hai avuto, gli altri parlano, ma dove sono finiti?»***.
Quando la gente mi giudicava male e mi addossava la colpa di alcune vicende, Marco mi diceva: «Pensa che ignoranti, le persone: visto che ti ho scelta io e continuo a tenerti come mia manager, stanno dando del fesso a me, dal momento che secondo loro non so scegliermi le persone con cui lavorare».
Certo, nella gestione di Marco Pantani ho fatto degli errori e spesso sono stata sgridata anche da Marco. Ma chi non commette errori, lavorando? Solo chi sta fermo. Non posso dimenticare, però, che avrei dovuto gestire i diritti di immagine di un ciclista famoso ma mi sono ritrovata immersa in situazioni complicatissime e per di più in un ambiente ostile, a parlare di ematocrito, di complotti nel mondo del ciclismo, di droga.

Mai nella vita potevo pensare che mi sarei ritrovata in questo scenario. Ma quando Marco Pantani, il ciclista numero uno al mondo, ha deposto nelle mie mani la sua fiducia, ho pensato solo ad aiutarlo con tutta la forza di cui disponevo.

Per Marco mi sarei buttata nel fuoco anche se questo ruolo mi aveva investita di una responsabilità che era più grossa di me. La situazione era talmente complessa che per tentare di risolvere le cose, anche per inesperienza e per scarsa conoscenza del mondo del ciclismo, feci certamente degli errori.

Marco mi disse che non c'era niente da capire nel ciclismo, serviva solo onestà. Cosa che lui aveva smesso di sentire attorno a sé: mi volle vicina a lui perché non si fidava più di nessuno. «Manu, per come sono fatto, per le compagnie che ho frequentato, rischio di fare una brutta fine e prima del previsto» mi disse un giorno. In quel periodo è stata dura. Tutte le persone che oggi parlano, dov'erano quando avevamo bisogno? Perché non venne nessuno a parlarci? ***Avevo nove ruoli davanti agli occhi di Marco (manager, sorella, mamma, amica, consulente, ufficio stampa, gestivo la squadra, facevo la segretaria, lo accompagnavo nelle cliniche): avrei rinunciato volentieri a tutti e sarei rimasta solo e semplicemente la sua amica.*** Ma non si avvicinò nessuno a proporsi. Nessuno! Tutti bravi a dire "ah, se ci fossi stato io avrei fatto così" oppure "la Ronchi lo vuole tutto per sé". Certo, ero una Santa Maria Goretti o una pazza che voleva tenere Marco tutto per sé, chiuso tra le mura di casa sua, a soffrire da sola con lui senza far entrare nessuno... "Statene tutti fuori, non voglio aiuto, ci penso io". ***La verità è che io non sapevo più a chi chiedere aiuto!*** Quando oggi vedo in televisione alcune persone che rilasciano interviste dicendo che erano i suoi migliori amici, mi viene da ridere da sola e ricordo cosa mi diceva Pantani di loro. Quando vedo queste scene parlo a Marco come se fosse seduto accanto a me, lo sento ancora molto presente.

Quindi, tornando a quel periodo doloroso, quando Marco mi diceva che Tizio, Caio e Sempronio non li voleva vedere nemmeno dipinti, e io sapevo che aveva ragione a volerli tenere distanti, cosa dovevo fare? Le voci che giravano dicevano che ero una speculatrice, che non volevo farmi aiutare perché così ci "guadagnavo" solo io. È più facile pensarla così che andare oltre. Peccato che, da quando Marco mi aveva detto della cocaina, non avessi più percepito una lira... Quando ero dirigente della squadra ero chiaramente pagata dalla Mercatone Uno, ma l'anno dopo mi licenziarono e non presi più un soldo. E da Marco, direttamente, non ricevetti mai alcun compenso.

Quando Marco è entrato in questo tunnel, ho rinunciato ad essere pagata ma ho mantenuto il mio ruolo di suo manager.

L'ho attaccato al muro molte volte e non poteva dirmi che io a fine mese prendevo i soldi. ***Ero svincolata dal ruolo lavorativo e potevo essere libera di arrabbiarmi e di strigliarlo***: Marco non doveva avere l'alibi di dire "ma io ti pago" (anzi, ero io a pagare tutto: viaggi, trasferte, hotel). Per questo ho rischiato di fallire con la mia società, che stavo trascurando completamente.

Mi dispiace solo che la mamma di Marco, a un anno dalla sua morte, da amica quale ero, mi abbia attaccata con molta cattiveria solo perché la pensavamo in maniera diversa. Il mio silenzio credo sia la risposta migliore. Non perché devo nascondere qualcosa, come lei pensa (anche perché quello che c'è da sapere l'ho già detto e ripetuto più volte a chi di dovere), ma ***per una questione di rispetto nei confronti di Marco,*** per evitare orrende speculazioni, ma anche nei confronti di una mamma che ha perso un figlio. La perdono solo per questo, anche se anch'io sono mamma e non fa certo bene sentirsi attaccare così ingiustamente.

ESPERIENZA IN AZIONE

Dopo i fatti di Madonna di Campiglio la stampa non era a favore di Marco, ma rifarei esattamente tutto quello che ho fatto e gestirei cento, mille Pantani nonostante tutto quello che è successo e nonostante l'intensità di quel rapporto e di quella situazione.
Il perché è semplice da spiegare: avere il coraggio di fare delle scelte e soprattutto essere coerenti e non tradire, come ha sempre fatto lui, a costo di rimetterci la vita, denota secondo me che la fiducia è davvero al centro di ogni relazione umana.

Una persona può sbagliare, perché è umano sbagliare, ma se ti fidi non la giudichi e non hai paura che l'errore porti dietro un tradimento. Se non ti fidi, non perdoni nemmeno l'errore. Questo è il consiglio che do sempre alle persone che seguo o con cui lavoro: non tradire il tuo pubblico, se ti capita di sbagliare, ammettilo. Posso giudicare l'azione sbagliata di una persona per il ruolo che ricopre, ma non giudico mai la persona. Se hai un ruolo devi avere le palle perché quel ruolo, pur scomodo, sia davvero un ruolo.

IL GIUDIZIO DEGLI ALTRI

Indubbiamente Marco Pantani è stato, tra quelli che ho gestito, il personaggio che mi ha fatto ricevere le critiche maggiori: me ne hanno dette di tutti i colori. Ho sempre pensato che non era corretto andare in giro a "giustificarmi" raccontando perché ho fatto quella scelta che veniva giudicata sbagliata agli occhi di tutti e a raccontare come stavano davvero le cose perché avrebbe voluto dire tradire la fiducia che mi aveva dato Pantani. ***Allora mi ripetevo che per non temere il giudizio degli altri, avrei dovuto scegliere di fare un altro lavoro.*** Quando era il numero uno al mondo, Marco aveva bisogno di me al 100%. E soprattutto, fu a me che diede tutta la sua fiducia anche se poi non era più conveniente. Quando Marco iniziò il periodo della cocaina, come potete immaginare ho rifiutato parecchi contratti e, di conseguenza, parecchi soldi: non ero certo la manager che gli stava vicino per motivi economici. Ma questo lo so solo io.

Dopo la morte di Marco, per differenza di vedute, sua madre ha iniziato ad attaccarmi: è ancora convinta che io abbia in qualche modo danneggiato Marco. Questa cosa mi fa soffrire immensamente ma la perdono perché, per una madre, perdere un figlio credo sia il dolore più incolmabile che esista. In quei momenti, però, lei non era con noi e non può sapere perché Marco non le raccontava tutto. Sicuramente lo faceva per proteggerla. Marco a quel tempo viveva a casa mia. Quello che ci siamo detti e che so di lui lo terrò custodito per sempre nel mio cuore. Ci sono cose intime che non bisogna rivelare per far vedere che "si sa" o per giustificarsi. Marco era molto riservato e so che non avrebbe mai voluto che le nostre confidenze diventassero di dominio pubblico.

Questa è una vicenda che ancora oggi è molto calda e io mi sono volutamente allontanata dai riflettori solo ed esclusivamente per rispettare lui e la nostra promessa. Questo mi fa stare bene: non mi importa di quello che pensano gli altri.

Marco Pantani ha tenuto fede alla relazione con me e con il ciclismo, con i suoi compagni, con i suoi tifosi. ***A ucciderlo sono stati i tradimenti, non le difficoltà.*** Ha avuto paura di aver tradito la relazione con i suoi tifosi e si è fatto del male: ***si sentiva un uomo senza voce quando avrebbe voluto urlare a tutto il mondo la sua innocenza.***

Ha difeso le sue relazioni fino alla morte. Non si è lasciato condizionare dalla via più breve: poi però è stato obbligato a prendere una strada che non è stato più capace di controllare. Marco non si voleva ammazzare, ma ha sottovalutato alcune cose e alcune situazioni.

Marco Pantani fu trovato senza vita il 14 febbraio 2004 a Rimini, in una stanza del residence Le rose.

ESPERIENZA IN AZIONE

Quello con Pantani è stato l'incontro che ha cambiato la mia vita. In tutti i sensi. Grazie a quella con Marco Pantani ho capito che ogni relazione ti può segnare profondamente con tutto quello che l'esperienza di un incontro porta con sé. Se pensiamo che solo gli incontri belli e che conducono a un lieto fine meritino di essere considerati, siamo fuori strada. Non è così. È chiaro che ci auguriamo tutti che ci sia sempre un lieto fine in una storia, come ha cercato di trasmetterci per tutta la vita, nei suoi film, quel genio di Walt Disney. Dobbiamo però sforzarci di vedere un lieto fine anche quando le cose non vanno a finire bene perché solo così possiamo "mettere a reddito" quello che la relazione ci ha insegnato. La mia relazione con Marco Pantani racchiude mille significati perché sfata tanti luoghi comuni. Per esempio, che per riuscire a ottenere certi ruoli devi avere un santo in paradiso: non è vero. Che devi sempre essere sponsorizzato da qualcuno: sbagliato. Che è impossibile arrivare a certi contatti: non è così.

UN UOMO IN FUGA

Avrei voluto che Marco scrivesse tutta la sua storia in un libro. Un giorno mi disse: «Se dovessi scrivere un libro su me stesso, sarebbe un libro bianco con un punto di domanda per ogni pagina. Ti prego, ***un domani, qualsiasi cosa mi accada, pensaci tu a dare dignità ai miei pensieri***». La ***dignità*** è una parola chiave per la persona di Marco Pantani: è sempre stata un concetto predominante in tutta la sua vita.
Marco mi diceva sempre: ***«Ho tradito la fiducia dei miei tifosi»*** e si è fatto del male con la cocaina perché ***credeva di aver perso la dignità.***
Qualche anno fa, insieme al giornalista Gianfranco Josti, ho scritto il libro ***Un uomo in fuga***, che ha vinto il Premio Bancarella Sport. In pratica, ho cercato di mettermi nella mente di Marco e di raccontare alle persone quello che passava nella sua testa, senza trarre conclusioni, senza giudicare le cose o gli errori degli altri. Per un certo periodo mi sono ritrovata "davvero" nella sua testa: Marco mi raccontava tutto e vivevamo fianco a fianco. Ho cercato dunque di far arrivare alle persone quello che ha vissuto Pantani in prima persona. Marco mi diceva: ***«Mi sembra di essere diventato muto, la gente non mi sente».*** Si vergognava per aver perso la dignità: si è fatto del male con la cocaina e si è infilato in un buco nero. Questo non perché era diventato un vizioso: ***si puniva perché aveva paura che la gente avesse smesso di credere in lui. La perdita della dignità, per lui, è stata devastante.***
Il libro Un uomo in fuga *racconta la storia di Marco Pantani, dalla sua (difficile) infanzia fino alle vicende legate alla sua morte. Quello che è stato scritto quindici anni fa è stato confermato dalle recenti ricostruzioni che di questa triste vicenda sono state fatte. Ma nessuno, nel frattempo, si è mai presentato da me a chiedermi qualcosa.*

IVAN ZAZZARONI E L'ONESTÀ INTELLETTUALE

Quando ero la manager di Marco Pantani ho conosciuto **Ivan Zazzaroni**, che all'epoca era direttore del "Guerin Sportivo". Era un giornalista in gamba e molto ambizioso. Io a quei tempi organizzavo per il "Guerin Sportivo" un evento, il Guerino d'oro. Ricordo che Ivan desiderava fare delle esperienze televisive e radiofoniche e così lo aiutai. A Radio Italia Network teneva una rubrica legata al calcio: *Zazzarin*. Dopodiché, visto il successo della trasmissione radiofonica, passò a Radio Deejay. Come ho accennato, mentre gestivo Marco Pantani, a un certo punto preferii non seguire più gli altri personaggi della mia agenzia, così anche con Ivan ci separammo dal punto di vista lavorativo, ma restammo amici.
Dopo la morte di Marco, Ivan avrebbe voluto fare un libro su Pantani insieme a me. Poiché ero già impegnata nella scrittura di *Un uomo in fuga*, Ivan scrisse un suo libro su Marco con altri giornalisti. Massima trasparenza e nessun problema tra noi, per questo. Anzi, quando la mamma di Marco Pantani iniziò a mettere in dubbio il mio lavoro e la mia figura nella relazione con il figlio, una delle pochissime persone che ebbe il coraggio di contestarla fu proprio Ivan. All'epoca io ero anche la sua manager, dunque Ivan sapeva perfettamente cosa avevo fatto per Marco. E lo disse apertamente alla signora, in una trasmissione televisiva. Ivan in quell'occasione non prese le mie difese: raccontò semplicemente la verità. Disse: «Io c'ero e so come sono andati i fatti, lei signora sta dicendo delle cose false su Manuela Ronchi». Quanti sapevano i fatti e mi hanno dato contro? Come mai nessuno mi ha difesa? Come mai solo Ivan Zazzaroni ha avuto il coraggio di farlo?

La relazione con Ivan mi ha fatto capire ancora una volta che nella vita, anche se si prendono strade diverse, se c'è onestà intellettuale nella gestione del rapporto la relazione è salva. Se si mettono le persone e la relazione al centro del rapporto, e non gli interessi, tutto torna.

ESPERIENZA IN AZIONE

Sia chiaro: io non dico di non aver sbagliato nella vita. Tutti sbagliamo, chi non fa non sbaglia. Ma se c'è la buonafede ci deve essere la presa di coscienza che non siamo infallibili. L'essere umano non è perfetto per natura. Ma se c'è una relazione vera un individuo capisce: a giudicare si fa in fretta, cercare di capire è molto più faticoso. Ecco: cercare di capire è alla base delle relazioni. Giudicare superficialmente, a volte, porta a rovinare le relazioni. Queste cose le ho imparate dalle relazioni che ho vissuto in prima persona. La mia storia con Pantani mi ha insegnato questo: il giudizio ha ucciso una persona. La vera "droga" che l'ha ucciso è l'essere stato giudicato senza che nessuno cercasse di ascoltarlo e di capirlo. Marco si sentiva soffocare perché nessuno lo ascoltava, lo sentivano ma non lo ascoltavano davvero. Sentire e ascoltare sono due cose completamente diverse. Tutti dobbiamo avere il diritto di esprimere la nostra opinione e di raccontare perché abbiamo deciso di agire in un modo piuttosto che in un altro. Perché devi essere giudicato per come hai agito? E perché gli altri invece si sentono in diritto di pensare che avrebbero agito in maniera diversa? Cosa ne sanno delle circostanze, del momento, della temporalità in cui sono collocati i fatti?

MAMMA

PROFESSIONISTA E MAMMA

Mi porto dietro il ruolo di mamma sia nella mia vita professionale che in quella personale.
Mi sono interrogata su questo aspetto e devo ammettere che probabilmente certi personaggi mi hanno scelta come loro manager perché avevano bisogno di una ***mamma-manager*. O meglio: *cercavano prima una mamma e poi una manager.*** Per loro non ero la classica mamma, è ovvio, ma forse incontrandomi hanno capito che non li avrei mai traditi e allo stesso tempo li avrei aiutati grazie al mio ***istinto naturale a tessere relazioni che portano business, facendolo con onestà, con gusto e con valore, senza l'elemento speculativo e costruendo relazioni che durano nel tempo.***
Negli anni ho professionalizzato questa mia caratteristica, che sicuramente mi apparteneva in modo naturale, e mi sono creata una professione su questo istinto. Sono mamma di natura, e non solo dei miei figli. Unisco la professionalità al sentimento e l'ho sempre fatto con tutti i personaggi che ho gestito. In me prevale sempre l'istinto materno su quello del business: quando ti affezioni alle persone non sempre riesci a mettere il lavoro davanti ai sentimenti. Certo, questo mi è costato molto, umanamente e professionalmente, così a un certo punto, ***da quando Marco Pantani è mancato, ho deciso di fare da mamma solamente ai miei due ragazzi, meravigliosi e molto indipendenti.***

MIO FIGLIO FILIPPO

Quando si parla di tempo da dedicare ai figli è più una questione di qualità che di quantità. Fortunatamente i miei ragazzi hanno imparato a capire che il mio è un lavoro “senza sosta” ma credo di non aver mai fatto mancare loro qualcosa. O almeno lo spero!
Con i miei ragazzi cerco di parlare apertamente e a volte le loro reazioni mi lasciano senza parole. Quando accompagnavo Filippo all’asilo, in ascensore mi diceva sempre: «Mamma, come sei bella». Una mattina, quando lui aveva 3 anni, mi uscì in risposta una battuta ironica del tipo: «Amore, meno male che me lo dici tu perché il papà non me lo dice quasi più». Salimmo in macchina e dopo un po’ mi disse: «Mamma, ma quando io ero ancora in cielo, visto che papà non ti diceva che eri bella cosa facevi, te lo dicevi da sola?».
Quando si parla ai bambini, informandoli e tenendoli al passo con le cose di tutti i giorni, assorbono.
Oggi vedo che mio figlio ha una relazione delicata e attenta con le ragazze. Gli ha sempre dato fastidio, per esempio, se una compagna veniva derisa e ha sempre cercato, istintivamente, di metterle al riparo da possibili prese in giro. Ha una sensibilità incredibile e questa qualità l’ha assorbita a casa.
A proposito di relazione e di quanto sia importante la relazione reale e non quella virtuale, riflettevo sul fatto che mio figlio, nativo digitale, utilizza i social con grande consapevolezza e testa, controlla come comunicano gli altri e mi fa notare come a volte, nel voler essere sempre in vetrina a tutti i costi, a prevalere è la stupidità. Sono perfettamente consapevole che nei social siamo tutti vittime di un certo egocentrismo e spesso mi dissocio da questo, ma un giorno avrei voluto pubblicare una bellissima foto che avevo fatto a mio figlio, mi sembrava un bel gesto d’amore, ma lui si oppose dicendomi: ***«Per dimostrare che mi vuoi bene non hai bisogno di pubblicare la mia foto su Instagram».*** Aveva 14 anni. Mi diede una grande lezione.

RICORDIAMOCI CHE **QUELLO CHE RESPIRANO A CASA CONDIZIONA L'ATTEGGIAMENTO** DEI NOSTRI RAGAZZI.

I miei figli, Filippo e Giulia, frequentano il Collegio San Carlo, una scuola milanese bilingue molto rinomata. Li ho sempre avvertiti che nella vita è importante imparare a stare e a relazionarsi con persone di tutti i tipi: gente che può permettersi cose che noi nemmeno ci possiamo sognare, altri che magari fanno fatica a tirare a fine mese. ***È importante avere la propria personalità e imparare a stare bene in tutti gli ambienti.*** Un giorno, la maestra delle elementari di Filippo, Claudia, chiese ai bambini di scrivere un piccolo tema sulla festa di compleanno di una loro compagna, alla quale avevano partecipato il giorno prima. La festa si era svolta in una casa enorme affacciata su Piazza Duomo, con personale di servizio e le Winx "in carne e ossa". Filippo, nel suo compito, scrisse: «La festa è stata bellissima, ci siamo divertiti, ha una casa gigante rispetto alla mia, che è piccola ma piena d'amore».

Ho imparato tanto dai miei figli e dalla relazione con loro e sto imparando ancora oggi: non sto solo "trasferendo".

Recentemente sono stata a parlare con la preside della scuola di mio figlio, che ha 16 anni, per chiederle se potevo mandarlo a studiare a Londra. Mi ha detto che Filippo aveva appena preso 3 in storia e che in quell'occasione non aveva dimostrato di essere maturo. Ci sono rimasta malissimo e mio figlio credo ancora di più. Infatti, io non sapevo nulla di quel brutto voto: al momento l'ho preso come un tradimento, perché mio figlio mi racconta sempre tutto. A casa gli ho detto: ***«Filippo, sappi che io continuerò a fidarmi di te. So che se non me l'hai detto è solo per paura di deludermi, non per fare il furbo.*** Io ti conosco». Ecco, in quel momento credo di aver fatto crescere mio figlio.

QUANDO UNA PERSONA TI DÀ FIDUCIA, AL MOMENTO TI GRATIFICA MA SI TRADUCE ANCHE IN UN ENORME SENSO DI RESPONSABILITÀ.

Mio figlio è cresciuto tantissimo, è molto responsabile. Da quel giorno ha migliorato tutti i voti, ha finito l'anno scolastico e proseguirà gli studi a Londra. Lui è molto motivato e ha voglia di futuro.

Devo dire che sto assistendo a un passaggio generazionale non solo di patrimoni ma soprattutto di valori, che è la cosa più importante. È un tema importantissimo.

MIA FIGLIA GIULIA

Mia figlia Giulia è meravigliosa e molto perspicace. È una piccola me. Dopo Filippo avevo perso un figlio e, dal trauma, non ne volevo più avere altri. Per fortuna, mio marito Paolo ha saputo starmi vicino nella maniera giusta, mi ha aiutata ad affrontare la cosa e, così, è nata Giulia.
Giulia ha portato gioia e allegria: un'artista nata. Filippo è un piccolo lord inglese, lei una rock star. Qualche tempo fa mi disse candida: «Mamma, da grande non so se fare la dentista o la rock star».
Un giorno eravamo a Los Angeles in vacanza e siamo stati a pranzo con **Alessandro del Piero** a Beverly Hills, dove abita. Ale mi voleva convincere ad aprire un'attività lì e faceva leva proprio su Giulia. Lei, come se stesse parlando con un suo compagno di scuola, esordì nella conversazione dicendo: «Guarda, Alessandro, che io da grande farò la rock star, verrò in America a fare i concerti e comprerò a mia mamma una

bella casa come la tua. Mia mamma non te lo aveva detto?». Questa è Giulia... una forza della natura. Lei canta sotto la doccia, è sempre allegra e molto sveglia. Tutte le domeniche, quando andiamo a trovare i nonni al lago, improvvisa spettacoli con sua cugina Bea, la mia adorata "nipotina", figlia di mio fratello Massimo e di Stefania. Noi e i nonni dobbiamo fare i giudici come a *X Factor*. Ogni volta uno spettacolo diverso: dalla recitazione al canto, dal ballo al musical. Organizzano uno spettacolo vero: dove trova l'energia lo sa solo lei.
Condivido con Giulia i miei pensieri, le mie idee e il mio lavoro. Come faccio anche con Filippo. Lui è più riservato, esattamente come suo papà, mentre Giulia è più istintiva, proprio come me.
Potrei raccontare tanti aneddoti ma so che mi sgriderebbe perché è molto permalosa (chissà da chi avrà preso...). ***Però, sia io che lei non portiamo rancore, dimentichiamo subito e in pochi minuti ci passa tutto.***
Anche per Giulia le relazioni sono importati e ha un grande rispetto per le persone.
Tutte le mattine accompagno a scuola sia Filippo che Giulia e chiamiamo sempre i nonni, come del resto facciamo prima di andare a dormire. Una mattina i ragazzi mi hanno fatto notare che non tutti chiamano i nonni due volte al giorno perché i loro compagni, che hanno i nonni lontani come noi, li chiamano raramente e li vanno a trovare quando capita mentre noi ci andiamo tutti i fine settimana o quasi.
A questo proposito, Giulia mi ha fatto notare che i nonni sono un bene prezioso e vanno coccolati finché ci sono. Una telefonata dei nipoti, per loro, vale più di qualsiasi altra cosa.

ESPERIENZA IN AZIONE

Questi sono i bambini, oramai ragazzi,
che io e mio marito stiamo cercando di crescere
mettendo sempre la relazione al centro.
Speriamo che continuino così.

Come sosteneva la scrittrice e politica britannica Phyllis Dorothy James: «Ciò che un bambino non riceve, raramente può dare in seguito».

FARE LA MAMMA NON È UN RUOLO FACILE, MA A ME È VENUTO NATURALE PERCHÉ HO AVUTO LA FORTUNA DI AVERE UNA MAMMA SPECIALE.

LA MIA MAMMA

Mia madre, **Carla**, è la figlia di una coppia che abitava ad Albagnano Bee, un minuscolo paese sconosciuto ai più che si trova nei pressi del Lago Maggiore, in collina, in provincia di Verbano-Cusio-Ossola. Sua mamma morì per colpa di una peritonite quando lei aveva solamente 13 anni e suo padre, come è facile comprendere, andò in depressione. Mamma crebbe senza una figura paterna di grande presenza e con l'***enorme senso di responsabilità*** di dover crescere due sorelle più piccole, Silvana e Ornella. Era una lavoratrice instancabile, in famiglia e fuori: tutti i giorni scendeva a piedi dal paese per andare a lavorare in una fabbrica di occhiali, curava suo papà e faceva da mamma alle sorelline. In seguito andò a lavorare come governante presso una famiglia di Milano. La portavano alla Scala. Lei amava l'opera e amava cantare. La chiamavano "Carla Boni". Forse Giulia ha proprio preso da sua nonna, ma in versione rock. ***Mia madre è sempre stata una donna tenace che non aveva paura di niente. Una donna cresciuta in fretta.*** Il temperamento di mia madre ha sempre tenuto unita la nostra famiglia nonostante i vari problemi che abbiamo dovuto affrontare.

MOMENTI DI QUALITÀ PIUTTOSTO CHE TEMPO "VUOTO"

Ho un ricordo molto nitido di quando ero bambina. D'estate andavo in vacanza con mia nonna e il mio fratellino a Pollino Premeno: sentivo che la nonna aveva preferenze per lui (aveva perso un figlio di 9 anni di polmonite e mio fratello glielo ricordava molto) e io non vedevo l'ora che venisse mia mamma a trovarmi dopo il lavoro. All'epoca, tra le altre cose, mia mamma gestiva un motosalone Guzzi. Quando finalmente arrivava da me, andavamo a fare delle lunghe passeggiate e mi sembrava la cosa più bella del mondo: lei era splendida, sempre sorridente, dinamica e io ero al settimo cielo in quei momenti. ***Momenti che erano pochi ma buoni.*** Ho fatto lo stesso, poi, con i miei bambini, cercando di dedicare loro tempo di ***qualità piuttosto che tempo "vuoto".***
La grande indipendenza di mia madre l'ho sempre portata con me.
A casa ci ha sempre abituati a fare tutti i lavori domestici, incoraggiandoci a provare gli sport e un sacco di attività: mi ha insegnato a cucire, a fare il punto croce, mi ha fatto fare lezioni di pianoforte e di chitarra, mi ha fatto sciare, nuotare, fare ginnastica e così via. Ho sempre imitato questo modo di fare di mia madre, donna lavoratrice che ha però sempre saputo seguire anche i figli, la casa e il marito.

QUANDO HO RISCHIATO DI PERDERE MIA MAMMA

Un giorno rischiai di perdere mia madre, avevo 16 anni e fu un momento terribile. All'epoca vivevamo nella casa che mio padre aveva ereditato dai genitori ma il suo sogno era sempre stato quello di averne una "tutta sua", per noi. Lo realizzò

acquistando una baita in un paesino di montagna, Alpe Runchio, per tutti Rugno, sopra il Lago Maggiore. Per arrivarci bisognava lasciare la macchina in un determinato punto e fare un pezzo di strada a piedi. Un posto da sogno, con la signora che mungeva le mucche e la piccola osteria dove bere una gazzosa. Un giorno, mentre stavamo trascorrendo alla baita le nostre vacanze, mia madre uscì per andare a cercare i funghi. Premetto che all'epoca, ovviamente, non c'erano i cellulari e lassù nemmeno il telefono fisso.
Uscì al mattino presto: le ore passavano, ma non la vedevamo tornare.
Era successo che mamma aveva messo male il piede ma, per non far cadere il sacchetto di porcini, era scivolata rotolando giù dalla valle e aveva sbattuto contro una betulla che le aveva impedito, per fortuna, di cadere nel fiume. Si era fatta male molto seriamente: si era rotta sei vertebre ed era ferita in diversi punti. ***Grazie al suo temperamento, non aveva mai perso la calma e questo l'aveva salvata.*** Vicino a dove era caduta c'erano fortunatamente due contadini che stavano recuperando il fieno. Avevano sentito un debole lamento e, dopo averla trovata, avevano chiamato i soccorsi.
Quando arrivammo all'ospedale, vidi mia mamma uscire dall'ambulanza in barella: era irriconoscibile. Fu subito operata: il prof. Antonio Galimberti, caro amico del papà, e la sua equipe fecero l'impossibile, ma ci dissero che con molta probabilità sarebbe rimasta tutta la vita su una sedia a rotelle. Subito dopo l'operazione, appena si risvegliò, mi disse: «Nani, ti devo spiegare come fare il risotto per papà...». Ogni giorno mi spiegava una ricetta da preparare a mio papà perché lei lo aveva abituato benissimo.
Dimessa dall'ospedale, assistita dalla preziosa Fiorella, da sempre la nostra infermiera di fiducia, dalla sedia a rotelle è passata al busto di ferro e dal busto al nulla. Uscì dall'ospedale ingessata fino al collo ma, appena possibile, a casa iniziò a fare tutto lei. E forse è stato proprio questo suo dinamismo a farla guarire, anche se questa brutta esperienza le ha lasciato dei traumi emotivi.

Mia madre ha sempre vissuto in funzione di mio papà: se lui era felice lo era anche lei, se lui era arrabbiato per qualcosa di lavoro lo era anche lei. Simbiosi totale. Prima di avere me e mio fratello i miei genitori avevano perso due bambine ma non si sono arresi nonostante la profonda ferita che portano sempre nel cuore e nell'anima. Ferita che li ha uniti indissolubilmente.

La mamma è quello che dovrebbe essere ciascuno di noi anche se non è mamma.
È un atteggiamento olistico nei confronti della vita, un punto di riferimento per la famiglia.
Non è il dire, è il fare.
È un'essenza, non un ruolo.

Ho avuto la fortuna di ***avere una mamma che impersonifica alla perfezione il ruolo della mamma: un punto di riferimento che ha saputo rendermi autonoma.***
Quello che riconosco a mia mamma è che non si è dovuta completare usando i figli come "riscatto": è una donna realizzata e lo ha fatto nel suo modo di essere autonoma. Non ha mai preteso che io dovessi essere "qualcosa" per completare lei. ***Mi ha lasciata libera di esprimere me stessa e questo glielo riconosco in pieno.*** È orgogliosissima di me, esattamente come mio padre.

ESPERIENZA IN AZIONE

Mia mamma mi ha trasmesso cosa vuol dire essere madre: essere presente (non nella quantità, ma nella qualità del tempo) ed essere un punto di riferimento. Ed è stata capace di rendere i suoi figli liberi di gestirsi la propria vita ma senza mai far mancare la sua presenza. Mia mamma è sempre stata "la" mamma.

IL MIO PAPÀ

Mio padre è sempre stato un ***uomo di valori e dal cuore straordinario*** ma, devo ammetterlo, un po' più spensierato di mia madre. Era figlio di una famiglia benestante di Verbania, che possedeva dei cantieri sul lago. Grande appassionato di macchine, invece di continuare il lavoro dei genitori, a 16 anni decise di aprirsi la sua autofficina: lo fece per seguire il suo istinto, ma nel massimo rispetto di quello che aveva sempre fatto la sua famiglia per lui.

Quando mio padre si innamorò di mia madre, mia nonna paterna non vedeva di buon occhio la coppia: avrebbe preferito una ragazza più altolocata. Oltretutto, mio padre era un gran furbetto all'epoca e teneva, come si usa dire, i piedi in due scarpe. Ma mia madre, tostissima, riuscì a metterlo in riga.

Papà è sempre stato un gran lavoratore di giorno ma la sera amava uscire con i suoi amici: era mia madre ad aprire l'attività al mattino e a tenere sotto controllo tutti i conti dell'officina. ***Due lavoratori instancabili e complici in tutto.***

Sono sempre stati molto diversi l'uno dall'altra, ma ancora oggi sono come "Sandra e Raimondo": due calamite che non possono stare l'uno senza l'altra.

Mio padre faceva il presidente del Verbania Calcio: ricordo che la nostra casa era sempre piena di calciatori. Chiesi a mia mamma per chi tifava e poiché lei mi rispose che era juventina decisi di diventarlo anch'io. Mio padre, invece, teneva per il Torino. Anche mio fratello Massimo divenne poi tifoso dei granata. In casa era sempre una lotta quando c'era il derby.

Credo che mio padre sia ***uno degli uomini più saggi e generosi che io abbia mai conosciuto.*** E lo è sempre stato. Ha condiviso con la comunità tutto quello che si è costruito da solo con il sudore.

Mio padre non ha voluto studiare: non ho mai capito se la scelta che ha fatto di iniziare subito a lavorare l'abbia soddisfatto o meno. Spesso diceva a me e a mio fratello: «Io non ho studiato come voi ma ho dimostrato che...».

Di sicuro mio padre ha lavorato tanto anche per dimostrare qualcosa.

Da solo ha creato una grande azienda. Era il titolare ma anche il papà di tutti: si faceva sì rispettare, ma ***aveva un profondo rispetto nei confronti dei dipendenti e delle loro famiglie.***

Papà si è spesso trascurato a livello di salute per gestire la sua attività lavorativa: una mattina si è svegliato e non riusciva più a vedere nulla per una trombosi. A questo si sono poi aggiunte in inseguito altre complicazioni e quindi mio fratello ha abbandonato gli studi alla Bocconi per affiancare mio padre e poi gestire l'azienda.

Oggi, a 84 anni, papà prova un senso di rammarico perché quando le cose non sono andate bene con la sua attività, molte persone che gli erano vicine sono sparite: un grande classico.

LA CASA ERA LA FAMIGLIA

Mio papà non ha mai lasciato il lago, per lui è il posto più bello del mondo, dice sempre che lì è il paradiso! ***Il valore economico, per lui, è relativo: non è il tipo di persona che ha accumulato ricchezza e beni materiali per dimostrare che ha fatto i soldi*** (pochi o tanti che fossero, poi li abbiamo persi tutti...) ***ma per costruire una casa alla sua famiglia. La casa per lui era la famiglia.***

Mio padre è sempre stato una persona briosa, un po' pazzerella, ma sempre con la testa sulle spalle. Mia mamma e mio papà nel corso della loro vita si sono cementati. Caratterialmente battibeccano ma si amano alla follia e si completano. Oggi mio padre vive per i nipoti e ha ancora questo grande senso della famiglia radicato in sé.

Ho preso da mio padre il senso di rispetto per la famiglia e per le persone, i dipendenti in primis. Papà è talmente altruista che non pensa mai che una persona possa fare a lui quello che lui non farebbe agli altri. Col senno di poi siamo tutti bravi a giudicare, però mio papà, secondo me, a livello

lavorativo è sempre stato troppo buono. Io lo rimproveravo a lui e lui lo rimprovera oggi a me: è il ciclo della vita.
Mio padre ha sempre temuto il giudizio degli altri, e questo ha condizionato fortemente la mia adolescenza: ***era sempre in agguato un paragone con qualcuno più bravo di me.*** Forse per questo, nella mia vita, ho cercato di allontanarmi da questo "mood".
Sono sempre stata un po' in sfida con mio papà: lui non è mai contento.
Voleva che io facessi la commercialista, così un giorno mi sarei potuta occupare dei conti della sua attività. Mio padre voleva che, appena terminata l'Università, tornassi a vivere al lago. Lo feci, anche se per un breve periodo. Iniziai a lavorare nella sua azienda. Feci qualche riunione e scoprii cose un po' strane. Mi buttai sulla comunicazione e pensai di fare pubblicità puntando sul fatto che l'autofficina di mio padre offriva davvero un servizio di un'altra categoria. La gente si chiese come mai il Ronchi si fosse messo a fare pubblicità. «Forse le cose gli vanno male?». La pensavano così, purtroppo. Presi la palla al balzo e decisi di tornare a Milano, convinta di non essere fatta per lavorare in quel contesto che non mi apparteneva. «Se resto con te, invece di aiutarti, faccio peggiorare le cose» gli dissi. Mi rimproverò per sei mesi per averlo abbandonato.
Sono sempre stata anche un po' ribelle rispetto a quello che mi diceva mio padre.
È questione di temperamento: mio papà, avendo scelto di non studiare, ha trasferito quello che non ha fatto su se stesso cercando di imporlo a me pur sapendo che non era possibile perché sono figlia sua: il dna è quello.

DALLE STELLE ALLE STALLE

«Tu passi sempre "dalle stelle alle stalle": ti innamori subito delle persone poi prendi delle grandi delusioni» mi dice sempre papà. Esattamente come ha fatto lui nella sua vita. Ma cosa dovrei fare? Vivere una vita noiosa per paura di prendere una fregatura e restare così sempre nella mia comfort zone? Se incontro una persona che mi ispira e mi da un'emozione io le do il mille per mille. Se questa persona mi tradisce, la delusione sarà parte della mia esperienza di vita e mi farà crescere e andare avanti. ***E pensiamo invece alla bellezza di quando arriva il momento della massima espressione della relazione umana e della tristezza di doverla limitare per paura che questa persona prima o poi ti freghi. Non è vivere.*** O, meglio, a me non interessa vivere così, preferisco soffrire, fa parte della vita. Stando nel mezzo non sai né di carne né di pesce e non vivi a pieno. Sono lo specchio di mio padre, da questo punto di vista.

GENEROSITÀ D'ANIMO

La ***generosità d'animo*** è un'altra caratteristica che ho preso dai miei genitori e in particolare da mio padre. Quando incontro una persona le do sempre il massimo di me stessa. Sommi tanti cento per cento e a un certo punto inizi a dare il 99 per cento perché non ce la fai a dare tutta te stessa a tutti. Ma le persone, abituate a ricevere il mille per mille, ci restano male e via libera a "se la tira", "fa la superiore", "non mi considera più". Ho capito a mie spese che devo imparare a dosarmi perché nel momento in cui do sono tutti felici, ma quando tolgo per motivi di sopravvivenza, perché la giornata è fatta di ventiquattro ore, si scatena un atteggiamento opposto.
Ho cercato di proteggermi su questo fronte cercando di barricarmi e di parlare chiaro da subito, per non illudere le persone.
Un'altra cosa che ho imparato dai miei genitori: piuttosto paghiamo noi, ma mai tradire gli altri.
Nel 2011 l'azienda di famiglia fu travolta dalla crisi del settore automobilistico e del marchio Lancia, col quale era cresciuta; mio padre, con gli occhi rossi, ci disse: ***«Non abbiamo più niente, abbiamo perso tutto, muoio da fallito»*** (anche se non era lui ad essere fallito). Era un uomo perso. Purtroppo diede tutta la colpa a mio fratello e questo ancora oggi mi fa molto male per-

ché Massimo forse ha commesso delle ingenuità, ha cercato di fare tutto da solo non chiedendo aiuto ma, a modo suo, lo ha fatto per non trasferire preoccupazioni e problemi sul resto della famiglia.
Diedi un pugno sul tavolo della casa dei miei genitori. E dissi: «In paradiso non ci andiamo con i soldi, con le case e con l'eredità, che fa pure litigare figli ed eredi. Se devi fare il bilancio della tua vita a 80 anni, è meglio avere lasciato una famiglia con dei valori o una famiglia con dei soldi?».
Cercai di farlo ragionare. ***«Si va in paradiso con i soldi e le case o con i valori?*** Tu hai costruito una famiglia di valori. Non sono qui per giudicare o trovare un colpevole: se fossimo stati una famiglia disonesta non saremmo arrivati a questo punto, siamo falliti da coglioni ma il punto non è questo: possiamo trasferirci in mezzo alle capre, ma noi stiamo bene lo stesso. Tu papà e tu mamma ci avete trasmesso un senso della famiglia che va al di là di case, macchine, soldi, eredità. Molti parenti per l'eredità si sono scannati: io non ho mai vissuto sperando di ereditare qualcosa. Ricominciamo da zero, dove è il problema? Per me fallito è una persona che ha fatto saltare una società per fare soldi o ha sottratto denaro all'azienda, non chi da onesto non ha sopportato l'ondata di crisi che c'è stata nel mondo delle automobili e per rispettare gli impegni ci ha rimesso di tasca propria. È questo essere falliti? Per me è esattamente il contrario. Forse siamo stati ingenui.» Questa fu la mia arringa.

L'insegnamento di questa vicenda? Forse sarebbe stata utile un po' di presunzione "bonaria" in meno. Ma questa esperienza negativa di ci ha permesso di scoprire chi sono gli amici veri ed è stata un'altra prova di vita dolorosa.

Ma il giorno che siamo riusciti a salvare la casa dei miei genitori (a riprova dell'onestà della mia famiglia, il tribunale non imputò nessuna responsabilità agli amministratori,

anzi attribuì a terzi i risarcimenti) ***penso sia stato il giorno più bello della mia vita***, ed è arrivato subito dopo uno dei periodi più impegnativi che abbia mai dovuto affrontare. Non lo dimenticherò mai, era il mio cinquantesimo compleanno e andammo in ospedale dove mio padre era ricoverato per una seria polmonite: «Papà, queste sono le chiavi di casa... Torna a casa tua che abbiamo bisogno di te!».
Forse il periodo più tragico della mia vita, in assoluto, è quando ho rischiato di perdere mia mamma.
In questa vicenda, di fatto, abbiamo rischiato di perdere "solo" la dignità di mio padre, che si può sempre recuperare.

ESPERIENZA IN AZIONE

Quello che riconosco a mio padre è il grande cuore. E l'essere stato un innovatore nel mondo del lavoro: ha saputo usare le relazioni umane al meglio, senza essere uscito da una scuola di management. Si fidavano tutti di lui, non ha mai fregato nessuno. E questa è una cosa di cui vado super orgogliosa. E lo stesso discorso vale per mio fratello. Ammiro il loro coraggio di guardare in faccia le persone senza vergogna. Se in un momento della tua vita le cose non sono andate come dovevano andare, le persone lo sentono. La stima degli altri ce la conquistiamo con la testa alta e con la nostra dignità, se siamo sicuri di esserci comportati nel migliore dei modi.

MIO FRATELLO MASSIMO

Massimo è mio fratello. Siamo molto diversi ma ci unisce quello che i nostri genitori ci hanno sempre insegnato: ***la famiglia davanti a tutto, portare rispetto alle persone e andare avanti a testa alta.***

A Massimo non è mai importato del giudizio degli altri perché ha un suo equilibrio interiore molto forte, supportato anche da una donna speciale che ha accanto, da una bambina che è la gioia della sua vita e dalle amicizie. Quelle vere.

Massimo ha incassato tanto e ha sofferto moltissimo per varie vicissitudini ma si è creato una corazza protettiva che è difficile da scalfire: rivendica sempre di avere l'onore di poter contare su tanti amici e di godere della stima di altrettante persone. In particolare ricorda sempre con estremo affetto il compianto dottor Giulio Castelli, amico fraterno di nostro padre, che è stato per lui autorevole mentore, soprattutto nel momento del bisogno.

Anche lui trae forza dalla sua famiglia: ***Stefania***, la sua metà perfetta, e la mia adorata nipotina **Beatrice**. Stefania arrivò nella nostra famiglia con la nascita di Filippo: fu lei l'ostetrica, e lo fu anche quando nacque Giulia. Insostituibile per mio fratello, incarna in pieno i nostri valori. La sua dolcezza e il suo sorriso non sono mai mancati, anche nei momenti duri. È la colonna della casa sul lago e quella dei miei genitori: posso stare via tranquilla, so che con lei sono in buone mani.

ESPERIENZA IN AZIONE

In famiglia non bisogna darsi delle colpe. Ci sono famiglie che vanno in pezzi per questioni di soldi e di eredità.
I miei genitori e quelli di mio marito Paolo hanno saputo creare una famiglia unita e questa unità è emersa

in modo inequivocabile con la questione del fallimento della società.
Fabiano e Marina, i genitori di mio marito, non hanno mai fatto mancare il loro supporto con estrema discrezione. Hanno fatto squadra con i miei e sono intervenuti in silenzio ad aiutarci materialmente e moralmente. Non è facile: spesso le questioni economiche rovinano i rapporti. Invece, tutti insieme, siamo stati capaci di cementarli. Marina è diventata amica di mia mamma. Fabiano (che non c'è più) era del '36 come mio papà ed erano molto complici. Andrea, il fratello di Paolo, a suo modo, ha capito la situazione complicata che stavamo vivendo.
Mio fratello e io abbiamo due modalità di vivere e due caratteri completamente diversi, ma nonostante questo tra noi c'è il massimo rispetto: alla base del nostro rapporto c'è l'amore per la nostra famiglia e l'attaccamento ai valori. Nessun problema, nessun affronto hanno mai potuto scalfire la nostra coesione, anche se mio padre e mio fratello sono sempre in contrasto tra loro ma si vogliono bene: hanno solo un modo diverso di comunicarlo.
Il senso del rispetto, dell'onore, della correttezza, ognuno di noi li esprime con il proprio carattere ma appartiene a tutta la nostra famiglia.

BUONA SAMARITANA

L'INDOLE DELLA BUONA SAMARITANA

Credo molto nel ***pensiero positivo.*** Quando incontro persone negative, una volta tornata a casa mio marito lo sente subito e mi chiede se c'è qualcosa che non va.
Del resto, ho ***l'indole della "buona samaritana"***: fare la missionaria era uno dei miei desideri di ragazzina.
Capita così che spesso apro le porte anche a chi non dovrei. È più forte di me: come mi sentirei se qualcuno mi chiudesse la porta nel momento del bisogno?
Ecco perché cerco di seguire sempre la buona regola del "non fare agli altri quello che non vorresti fosse fatto a te". Per autoprotezione, però, ***a volte sono costretta a schermarmi perché assorbo talmente tanto che poi inevitabilmente trasferisco quello che assorbo come in un effetto domino.***
Ma con la mia famiglia, con la mia seconda famiglia (i miei ragazzi dell'ufficio), con i miei clienti, non mi posso permettere di "trasferire" quello che non sono.
Sono una persona solare e positiva, anche nei momenti difficili mantengo sempre il sorriso: non posso e non voglio farmi annebbiare dal negativo!
Assorbo l'energia positiva in maniera pazzesca, ma purtroppo anche quella negativa. Da questo punto di vista sono una spugna.
Poi, peso tutte le parole che le persone mi dicono e a volte non riesco ad essere "leggera": dovrei lavorare su di me per migliorare questo aspetto.
Devo imparare a non essere così permalosa.

Pensate che **Adriano Panatta**, con cui ho lavorato per qualche anno, mi chiama "Permy". Vi state ancora domandando da chi ha preso mia figlia Giulia?
Se non sono riuscita a dare agli altri quello che avrei voluto e quindi li ho delusi oppure se una persona si è approfittata di me, soffro, ma non rinfaccio nulla.
E invece di farmi scivolare tutto addosso, non ci dormo la notte. Sono fatta così. Sono generosa d'animo: se una persona mi tradisce e mette in discussione proprio questo aspetto ne soffro terribilmente.

CERCARE DI CAPIRE È PIÙ FATICOSO CHE GIUDICARE

Il dramma di aver affidato ai messaggi e alle mail le nostre relazioni, ***facendo l'errore di non porre al centro la relazione diretta con la persona,*** genera dei malintesi enormi, che possono rovinare le relazioni. Bisogna affrontare le cose. Dico sempre che preferisco arrossire prima che dopo. Se qualcosa non va ho imparato a tirar fuori il rospo. È difficile, ma bisogna farlo.
Le persone tendono sempre a giudicare più che a capire, perché è molto meno faticoso: ecco allora che certe questioni montano come la panna montata e ci si fa un'idea falsata di una persona. Succede poi che decidi di fissare un incontro a quattrocchi per parlarne e spesso in mezz'ora, nel bene o nel male, si risolve tutto. Tendiamo invece a scappare dal confronto, ci rifugiamo nel messaggio, facciamo riferire le cose da altre persone e via così. ***Certe relazioni si rovinano senza comprendere il perché... Sono sicura che l'80% delle relazioni umane fallisce perché manca l'onestà intellettuale per affrontarsi.*** Se una relazione d'amicizia, amorosa o lavorativa, pur avendo ottimi presupposti, non funziona, non è una colpa: ciascuno andrà avanti per la propria strada senza dover arrivare a essere rancorosi.

Quanto è importante la relazione per l'evoluzione della nostra vita lavorativa e non? La relazione è un "cristallo" che bisogna cercare di proteggere in tutti i modi, se ci si tiene veramente. Altrimenti non parliamo di relazioni bensì di incontri di opportunità.

Tra incontri e relazioni c'è una grande differenza: di semplici incontri nella vita ne facciamo tantissimi, le relazioni invece sono impegnative da mantenere. Sono due ***rapporti che generano impegni profondamente diversi.***

Adriano Panatta: ripartire dai fondamentali

Quello con Adriano è stato un incontro particolare. Ho avuto il privilegio di conoscerlo e ho scoperto un uomo molto profondo che si nascondeva dietro un aspetto burbero e spesso scontroso. Quante discussioni abbiamo fatto... Ma quanta dolcezza mista a pragmatismo ho trovato il lui. Per qualche anno abbiamo lavorato insieme e ci siamo divertiti; l'ho presentato ai miei amici e inserito nelle mie relazioni professionali, dalle quali non si è mai più separato.

La nostra relazione professionale mi ha fatto capire che bisogna prendere la vita con una sana ironia. Ecco cosa ho imparato da Adry. Adriano sa ricominciare! Lo faceva sul campo quando si allenava e lo fa nella vita.

Abbiamo litigato, ci siamo separati ma sempre con grande rispetto e la nostra amicizia dura fino a oggi, e forse è ancora più forte di prima. In silenzio. In lontananza. Ci basta uno sguardo ed è tutto chiaro...
Un giorno lo feci incontrare con un uomo appassionato di sport e di finanza e da lì nacque un'amicizia straordinaria che, adesso che questo personaggio non c'è più, lega me e Adriano in silenzio, ma con profondo affetto. Quell'uomo era Piermario Motta.

PIERMARIO MOTTA

PIERMARIO MOTTA

IL CORAGGIO DI SFIDARE IL METEO PER IL BUON SUCCESSO DI UN EVENTO

Piermario Motta, detto Peo, è stato uno dei più grandi manager della finanza italiana di tutti i tempi. Dopo la sua morte è stato denominato il "Gentiluomo della finanza". È stato amministratore delegato di Banca Generali ed è scomparso prematuramente nel 2016: aveva 58 anni. Ho avuto un rapporto umano e lavorativo straordinario con lui. La modalità con cui è nata la nostra relazione è incredibile.

Ma facciamo un passo indietro.

Mentre ero completamente assorbita dalla gestione di tutta la questione Pantani, la mia agenzia, nella quale lavoravano tre o quattro persone, andava avanti senza di me. Un giorno il mio contabile mi disse che le cose si stavano mettendo maluccio, ma io presi alla leggera le sue parole: di fatto, ***non ho mai avuto paura di rischiare qualcosa.*** E poi Marco Pantani mi aveva dato la sua fiducia e io sarei andata nel fuoco per lui (e forse ci sono andata davvero...).

IL RISCHIO DEL FALLIMENTO

Marco Pantani era morto da poco: ero distrutta. Realizzai in quel frangente che purtroppo la mia società aveva una marea di debiti. Qualcuno mi suggerì di chiuderla e di farla fallire. Ma siamo matti? **La Action sono io!**
Per prima cosa chiamai i genitori dei miei (pochi) dipendenti e spiegai loro, con sincerità, la situazione. Restarono con me una ragazza e il mio contabile, **Edoardo Beccalli,** il mitico Edo, che veniva da Crema tutti i giorni con l'autobus, partendo da casa alle cinque del mattino. Ho scoperto allora che da alcuni mesi Edoardo non incassava l'assegno del suo stipendio. Quando gli chiesi come mai, mi disse: ***«Se alla mia età dovessi aver bisogno di questi soldi per vivere, mi dovrei fare delle domande serie: usiamoli, piuttosto, per pagare gli F24»***. Rimasi senza parole...
Chiamai tutti i fornitori e dissi loro che avevo intenzione di rimettermi in carreggiata e che avrei pagato tutti: avevo solamente bisogno di un po' di tempo.
Le banche non mi aiutarono per niente. All'epoca lavoravo con banche retail, oggi ho l'onore di lavorare con banche fatte da persone e non da computer.

SONO SEMPRE LE PERSONE A FARE LA DIFFERENZA. SEMPRE. QUESTO È UN GRANDE INSEGNAMENTO CHE HO IMPARATO NEL CORSO DELLA MIA CARRIERA.

Qualcuno mi suggerì di propormi a ***Banca Generali***, azienda che organizzava molti eventi in quel periodo. Andai. I casi della vita: la persona responsabile degli eventi era ***Barbara***, una mia amica di infanzia, figlia di Dedo e Anna, amici dei miei genitori. Mi propose di lavorare su un evento che, sempre per i casi della vita, avevo ideato io cinque anni prima per un'altra banca che nel frattempo era stata comprata da Banca Generali. Conoscevo quel progetto come le mie tasche. Arrivò il giorno dell'evento: avevo fatto realizzare un bellissimo palco all'aperto, molto impattante, e avevo invitato i calciatori campioni del mondo del 1982 a partecipare alla convention. A un certo punto, poiché ***qualcuno disse che le previsioni davano pioggia***, l'azienda decise di trasferire l'evento all'interno, rinunciando al palco e all'impatto che avrebbe potuto avere su tutti gli ospiti. Ero basita. Chiesi spiegazioni e mi dissero che questa era la volontà del dottor Motta, il direttore generale. **«*Beh, ma il direttore generale avrà ben altro a cui pensare... Posso parlargli io e spiegargli che, francamente, sta prendendo la decisione sbagliata?*»**. Dopo un po' di resistenze mi presentarono questo signore, magro e pelato, ma dall'aria molto autoritaria, che indubbiamente poteva mettere in soggezione. Mi presentai e gli dissi: **«*Ma se io le do i miei soldi da gestire, le dico anche come deve fare?*»**. Mi guardò con l'aria stralunata. **«*Visto che mi paga come consulente, vorrei dare il mio suggerimento. Consiglio di fare l'evento all'aperto, nonostante il rischio pioggia, che è bassissimo, perché la differenza tra le due soluzioni è davvero eclatante*»**. Mi guardò e mi disse: **«*Faccia come vuole, ma se sbaglia è una donna morta*»**.

SO DI AVER CONQUISTATO PEO MOTTA CON QUESTA CONVERSAZIONE E CON IL MIO CORAGGIO.

Divenne il mio miglior cliente e diventammo grandi amici. Da questa esperienza ho capito che esistono falsi miti.

Perché non possiamo mantenere una sana amicizia con chi conosciamo per motivi di lavoro e troviamo delle affinità elettive? Perché dobbiamo rinunciare a condividere una relazione di amicizia solo per paura che qualcuno pensi male? Se siamo onesti intellettualmente perché condizioniamo la nostra vita solo per non essere giudicati? Motta mi metteva in gara con le migliori agenzie del mercato. Ogni volta me la dovevo giocare con i migliori e se continuavo a lavorare con lui era perché me lo meritavo. Nessuno sconto. Nessuna preferenza. Era giusto così. Era una questione di rispetto.

L'AMICIZIA VIAGGIA SU UN BINARIO, IL LAVORO SU UN ALTRO. SEMPRE.

Nel mio lavoro seguo due regole importantissime:

1) Non pago per lavorare, e per pagare intendo regali, viaggi premio, la promessa di riavere soldi indietro e così via: pagare per lavorare è la più grande umiliazione di tutti i tempi.

2) Non scendo a compromessi di alcun tipo.

I BUONI CONSIGLI

Con il dottor Motta ho avuto un rapporto meraviglioso. Mi ha aiutata moltissimo in uno dei periodi più brutti della mia vita quando, con la crisi dell'auto, l'azienda di mio padre fallì. Ma ***il dottor Motta mi ascoltò e mi diede dei buoni consigli per provare a uscirne.*** Infatti, con il fallimento della società di mio padre, la casa dei miei genitori fu pignorata e dovemmo ricominciare tutto da zero.

Successe che a Milano mi vennero ritirati tutti i fidi della mia società: avevo il Crif sporco, non potevo più partecipare alle gare. Ero amministratore della mia società e questo comportava un pignoramento dei miei beni personali. Lavorando con banche gestite da computer, non c'era scampo: se c'è un problema, il computer ti banna. ***Anche se i problemi erano di un'altra società e non della mia, venni penalizzata dal sistema.*** Il dottor Motta mi rimproverò per non avergli raccontato subito questa storia ma io non volevo metterlo in difficoltà. Mi disse: «Io faccio la banca, tu fai il cliente. Io però la pratica la guardo e la studio, cosa che le altre banche non fanno: quello che farò è darti un consiglio, ma poi ti arrangi tu. Ti metto nelle condizioni di provare a farcela, perché so che stai cercando di salvare una casa che per voi non è un semplice valore finanziario, ma la casa di famiglia». Motta mi presentò un'avvocatessa esterna alla banca, ***Paola Cordovado***, che mi aiutò molto: insieme riuscimmo a salvare la casa dei miei. Tutte le persone che lavoravano in banca in quel periodo fecero squadra per affiancarmi in questa impresa e non finirò mai di ringraziarle.

Questo vuole dire affiancare un cliente nel momento del bisogno: ***rispettare le regole, non fare preferenze, ma ascoltare e trovare soluzioni.***

Peo Motta ha rispettato le regole, mi ha ascoltata e ha provato a cercare una soluzione. Mi ha dato un'opportunità: questo vuol dire, oggi, "relazione".

Motta ha fatto l'interesse dell'azienda per cui lavorava, non mi ha fatto un favore personale: mi ha dato un'occasione e un grande consiglio. ***Le persone vanno ascoltate, non sono dei "file" o dei semplici numeri.***

Insieme all'avvocatessa Cordovado combattei con tutte le mie forze.

Come detto in precedenza, il giorno del mio cinquantesimo compleanno ero in tribunale a Verbania: riuscii a salvare la casa dei miei genitori. Mio padre era in ospedale perché con la storia del fallimento stava rischiando la pelle: andai da lui insieme a mio fratello e gli portammo le chiavi di casa. Ecco, ***quel giorno mi sono finalmente liberata di quella sensazione di dover sempre dimostrare qualcosa a mio padre.***

Peo se ne andò il giorno dopo... e so che disse: «anche la mia Manu è a posto».
Peo Motta rimarrà sempre nel mio cuore e per me sarà sempre un punto di riferimento.

UN PUNTO DI RIFERIMENTO

Quando è mancato Peo Motta sono andata a salutarlo. Mi sono ritrovata da sola con **Dario Tosetti**, caro amico di Peo e grande professionista, un signore di altri tempi. Quel momento fu molto intimo. Abbiamo pianto tutti e due e si è creato un momento di grande intensità emotiva. Dario mi aveva osservata per tanti anni nel mio lavoro e meritarmi la sua fiducia, per me, era stato un privilegio. Ancora oggi parliamo molto di massimi sistemi, di relazioni, di rapporti. E Dario non smette mai di fare riferimento a quanto Peo sia stato ***«un grande punto di riferimento e un grandissimo uomo»***. Peo era contagioso e tutte le persone che ho conosciuto grazie a lui mi sono tuttora vicine.

LA CALAMITA

Come una calamita, ***sono attratta e vengo attratta da persone che hanno i miei stessi valori. Anche a livello professionale.***
Il post Pantani mi ha rimessa nel mondo del lavoro, nel mondo "reale". Fui costretta a reinventarmi. In questa fase, grazie alle relazioni che nella mia vita ho sempre cercato di mantenere vive e costanti e che mi hanno dato la possibilità di poter esprimere il mio modo di lavorare, ho incontrato Peo Motta, un altro personaggio determinate nella mia vita. ***Peo Motta, per diversi motivi, ha sempre difeso l'onestà intellettuale della relazione a prescindere da quello che dicono gli altri.*** Motta ha sempre sottolineato che dovevamo mantenere ***l'ami-***

cizia su un binario e il lavoro su un altro. È difficilissimo: in ambito professionale lavora il più bravo, ma l'amicizia rimane a prescindere. Pensiamoci: quante persone restano "amiche" perché una fa lavorare l'altra e poi quando questo "rapporto" di lavoro si interrompe inevitabilmente si arriva al litigio?

SE SEI AMICO PERCHÉ
È LA RELAZIONE CON UNA PERSONA
A INTERESSARTI, NON QUELLO
CHE QUELLA PERSONA TI FA FARE,
L'AMICIZIA VIVRÀ A PRESCINDERE.

Tra me e Peo c'era molta stima reciproca. Aveva il carisma per dire: «Siamo amici, ma questa relazione deve essere tenuta in piedi da entrambi, e non ci dobbiamo far condizionare dalle intemperie». Ovvero da questioni che non dipendevano da noi ma dal giudizio degli altri, dalle critiche, dall'assimilare un rapporto sincero a cui nessuno purtroppo crede perché il sistema è segnato da rapporti che non sono affatto sinceri. Riuscire a mantenere intatta una relazione vera, a prescindere dal fatto che nessuno ci crede perché solitamente non è così, è davvero dura. Il nostro rapporto di lavoro, come tutti i rapporti di lavoro, è stato costellato di alti e di bassi ma ***la nostra relazione non è mai venuta meno.***

L'ARCOBALENO

Peo Motta ha fatto fare un salto di qualità incredibile alla banca che dirigeva. Quando nel 2015 è stato nominato CEO dell'anno, gli scrissi per fargli i complimenti e mi rispose che facevo parte anch'io della squadra e che il merito di quel riconoscimento era di tutti. Restai senza parole.

Dopo essere stato operato in Minnesota, operazione che gli "regalò" sei anni di vita, Peo tornò al lavoro. Stavamo organizzando il solito importante evento annuale della banca, con tutti i consulenti finanziari. L'evento, programmato in Grecia, durava una settimana. Mi venne in mente l'idea di usare ***un arcobaleno*** come metafora del suo discorso visto che Motta avrebbe parlato di come ***«realizzare un ponte con dei pilastri per costruire il futuro». L'arcobaleno***, per via di tutte le particelle che si uniscono, è ***un'ottima metafora dell'energia collettiva, tema molto caro a Motta insieme a quello della neoetica.*** Pensiamo per esempio a una partita di calcio e all'incredibile forza che viene data alla squadra dal tifo del pubblico: energia collettiva allo stato puro.
L'arcobaleno, oltretutto, ha la stessa conformazione del ponte e ci sono diverse leggende ad esso associato. Una di queste, irlandese, narra che dove finisce l'arcobaleno è situata una pentola d'oro custodita da uno gnomo che impedisce a chi non lo merita di impossessarsi del bottino. A Motta questa metafora dell'arcobaleno piacque molto e decidemmo di proiettare ***un quadro di Turner*** che raffigurava un arcobaleno. Il giorno della convention, dopo giorni di sole, iniziò a piovere ma fortunatamente il teatro aveva una copertura. Eravamo quasi pronti a iniziare: mi arrivò un messaggio da Motta, che mi chiedeva di raggiungerlo nella pineta. Andai da lui: ***mi volle mostrare che in cielo era comparso un arcobaleno.*** Scattò una foto e mi chiese di sostituire il quadro di Turner con quella foto fatta in tempo reale: un segnale del destino. Per quella convention, oltretutto, avevo fatto realizzare una passerella che univa il palco al pubblico, i consulenti finanziari, per mettere in evidenza che Motta non si sarebbe staccato da loro nonostante il nuovo ruolo di amministratore delegato oltre che di direttore generale. La passerella simboleggiava proprio il collegamento e quando Motta la vide si illuminò, pensando anche al tema azzeccato dell'arcobaleno, che facemmo coincidere proprio con la fine della passerella. ***Per tre anni di seguito, ogni volta che abbiamo fatto l'evento, è uscito un arcobaleno in cielo prima della convention.***

OVER THE RAINBOW

Peo Motta è mancato il 26 marzo 2016. A settembre era in programma il solito importante evento con tutti i consulenti finanziari. Nacque un dilemma: come potevamo aprire la "sua" convention? Non potevamo non fare riferimento a lui, ma nello stesso tempo non volevamo diventasse un secondo funerale (e nemmeno lui l'avrebbe voluto). Avevo davanti a me una bella sfida.

In quell'occasione dovevamo motivare i consulenti finanziari e dare il palco a **Gian Maria Mossa**, che avrebbe preso in mano le redini della banca. Pensai che l'unica persona che poteva darmi una mano era ***il giornalista e commentatore sportivo Federico Buffa, con il suo stile e il suo carisma***. Federico, infatti, è soprannominato "l'Avvocato" proprio per la sua eleganza, anche nei modi, e il suo aplomb. Non l'avevo mai incontrato ma lo chiamai. Mi diede appuntamento a Milano, curiosamente in un negozio di caramelle tutto colorato di rosa. Durante la nostra chiacchierata ebbi l'impressione che Federico sapesse già tutto di me: sembrava mi conoscesse da sempre. Ne rimasi davvero colpita. Mi disse anche che aveva apprezzato molto il mio comportamento nella vicenda di Pantani: per lui era evidente che non avevo voluto strumentalizzare quella situazione rivelando al mondo i segreti e le confidenze di Marco. Federico, in quell'occasione, è riuscito a creare un'atmosfera unica, grazie anche al contributo di **Elisabetta Marelli**, specializzata nella spazializzazione del suono: in pratica, il suono non arrivava solo dal palco ma da più punti, per cui lo spettatore era letteralmente immerso nel racconto.

Abbiamo messo in scena una "prima teatrale", che intitolammo *Over the rainbow*, nella quale abbiamo raccontato i dieci anni della quotazione in borsa della banca.

Al centro dello spettacolo c'era quell'uomo che, amante dell'arte e del bello, ha saputo unire le persone. Ma durante la serata Peo Motta non è mai stato nominato una sola volta: quello che è riuscito a fare, con il suo carisma, è emerso dalle gesta e dalle vicende. Volevo che ognuno dei presenti sentisse che aveva una missione da portare avanti perché rappresentava il frutto di una strategia condivisa con Motta. E adesso che non c'era più, per onorarlo e ricordarlo, non si poteva che dare seguito e sostanza a questo suo sogno manageriale: essere la prima banca quotata in borsa fatta di persone.

ESPERIENZA IN AZIONE

Peo Motta ha sempre puntato tutto sulla centralità della relazione e ha sempre voluto preservare la qualità della vita delle persone. Lui era il "capitano", gli altri i suoi "gregari". La sua visione è stata portata avanti in modo egregio dal suo successore, Gian Maria Mossa, in una sorta di passaggio generazionale.

GIAN MARIA MOSSA, LA VOLONTÀ DI PORTARE AVANTI UN SOGNO CONDIVISO

Con la morte del "capitano", il giovane manager che ha preso il suo posto, **Gian Maria Mossa**, pur gestendo la banca con la sua personalità, ha continuato a non tradire nessuno dei progetti avviati da Motta all'interno dell'azienda. Gian Maria Mossa ha voluto fare delle scelte molto coraggiose e verticali. Era consapevole di essere stato scelto da Motta per portare avanti, chiaramente con il suo carattere, il suo temperamento e il suo know-how, quel grande sogno che era stato condiviso con tutta la squadra composta dai consulenti finanziari della banca. Ciascuno di noi, del resto, è diverso dall'altro: essere diversi non è una colpa. Quello che conta, in questo caso, è stata la coerenza di essere diversi pur riconoscendo che qualcuno, che è venuto prima di te, ti ha messo nelle condizioni di portare avanti un progetto.

La condivisione di un progetto non deve essere mai tradita così come le persone non vanno mai tradite. Rischiare di compromettere un'ambizione personale pur di far fede alla promessa di portare avanti un sogno condiviso dove sono sempre le persone al centro di tutto: questo è quello che "ho visto" in Gian Maria Mossa.

Oggi ho il privilegio di lavorare con Gian Maria ma soprattutto di apprezzare il suo stile nel gestire le relazioni e il lavoro. Al di là delle sue doti indiscutibili (credo sia davvero l'*enfant prodige* della finanza italiana) Gian Maria ha un grande rispetto per il valore della famiglia e delle relazioni stesse, che protegge e difende rischiando anche, a volte, di sembrare troppo duro e distaccato. Il suo senso del dovere, il suo coraggio e l'attaccamento alla famiglia sono per me segno di un profondo rispetto.

FIORELLO: «MA TU, CHI SEI?»

C'è un simpatico aneddoto che riguarda Peo Motta e Gian Maria Mossa. A una convention invitammo Fiorello e prima della sua esibizione ci recammo in camerino a salutarlo. Eravamo un gruppetto, c'erano Peo Motta (AD) e Gian Maria Mossa (direttore generale), Adriano Panatta, Davide Oldani, Umberto Pellizzari e vari campioni dello sport. Gian Maria sembra decisamente più giovane della sua età e Fiorello lo scambiò per il figlio di Motta. A un certo punto dello spettacolo, Fiorello scese in prima fila e andò da Gian Maria. «Ma tu, che sei seduto in prima fila accanto all'amministratore delegato, chi sei?» gli chiese. «Il condirettore generale», rispose. «E quanti anni hai?». «40». «40? E sei condirettore generale di una banca? Io a quarant'anni facevo ancora il liceo». E Fiorello raccontò a tutti che pensava che il dottor Motta avesse portato suo figlio allo spettacolo.

ESPERIENZA IN AZIONE

Quando una persona mette dei valori nel suo operato diventa super partes.

Se una persona mette al centro la relazione e i valori, questi trascendono la competizione, sportiva o lavorativa che sia. Alessandro Del Piero era il gentleman del calcio. Marco Pantani impersonava il ciclismo, indipendentemente dalla maglia che indossavano. Così il dottor Motta era per tutti il dottor Motta e non solo l'AD di Banca Generali: ha saputo dare una lezione di finanza comportamentale ed etica, era considerato il gentleman della finanza, il suo modo di comportarsi è stato preso da esempio da tanti, anche dai concorrenti. Tutto questo è dipeso dal fatto che Motta ha saputo tenere le relazioni con la sua rete di consulenti finanziari, dando loro quello che vale di più dei soldi, ovvero il tempo. E il tempo non ha prezzo. Era un incredibile visionario.

LA PERSONA AL CENTRO, TORNIAMO SEMPRE SU QUESTO PUNTO:
IL DOTTOR MOTTA E LA NOSTRA RELAZIONE ME LO RICORDANO SEMPRE.

IL TIRO MANCINO DI UN FORNITORE DISONESTO

Dopo il fallimento della società di mio padre, lottai con tutte le mie forze per salvare la casa dei miei genitori e la mia società, inevitabilmente, ne risentì. Le cose non andavano bene. Non mi vergogno a raccontare questa storia.
Qualcuno mi suggerì di mettere una testa di legno a gestire la mia società: mi rifiutai categoricamente. La mia società sono io e non capisco perché dovevo essere giudicata per un fallimento che, ovviamente, non riguardava me direttamente. ***Ho lavorato duramente per salvare la casa della mia famiglia: mi devo vergognare?*** I miei clienti sanno che sono una persona onesta, che pago tutti e che lavoro con i miei soldi senza averli rubati a nessuno. ***Ma questa esperienza mi ha segnata profondamente.***
Come se non bastasse, in quello stesso ***periodo un fornitore mi giocò un brutto scherzo che rischiò di crearmi davvero grossi danni.*** Sarebbe stato facile cedere e accettare il mobbing che stavo ricevendo, visto il periodo già difficile che stavo attraversando. Invece, coerentemente al principio che per me il rispetto delle persone viene prima di tutto, ***scelsi di indossare la corazza da guerriera e di non mettere a rischio le persone che lavoravano per me.***
Mi piacerebbe far comprendere a tutti che ***quando si lotta per farsi rispettare, se si è agito in buonafede e in onestà, alla fine tutto torna. La vita ti restituisce tutto. Anche di più.***
La storia è questa.
Mi ritrovai a dover organizzare un grosso evento. Un tour operator mi vendette un villaggio in Turchia e accettai. Le previsite con il cliente andarono bene ma chiesi al tour operator di assisterci nella gestione perché i turchi non potevano avere la stessa sensibilità nostra nella gestione di un evento così complesso. Passò l'estate e il corrispondente locale mi propose di recarmi a visionare il villaggio (erano circa 600 camere): era in

condizioni disastrose perché avevano svenduto le camere in estate ed era stato letteralmente devastato da una clientela di massa. Mi ritrovai a fare una relazione segnalando tutte le cose che non andavano affinché le sistemassero prima del nostro evento.

In parte, fu così: ma solo grazie al corrispondente, non certo per merito del tour operator, che pensava solo a incalzarmi per rispettare le scadenze di pagamento.

Purtroppo il terzo giorno dell'evento ci fu un diluvio e il villaggio andò in tilt: entrava acqua dappertutto. Le camere si allagarono e successe di tutto. ***Per fortuna, con la mia agenzia prevedo sempre piani B e C e fummo in grado di gestire bene la criticità.***

Durante l'evento, il capo del tour operator mi chiamò per avere parte del saldo: sottolineo che il tour operator non si era mai fatto vedere e che mi aveva venduto un posto e ne ho ritrovato un altro. Proposi di risentirci al rientro e di fare una riunione. Ricevetti persino delle minacce.

Una volta rientrata a Milano, ci trovammo per discutere la situazione. Il titolare del tour operator venne da me in ufficio cospargendosi il capo di cenere, ammettendo di non essersi reso conto che stavamo organizzando un evento di tale importanza, che i suoi commerciali non sono stati in grado di gestire le emergenze e riconobbe che avevamo avuto dei grossi problemi. Mi fece molto piacere perché ammettere l'errore fu un atteggiamento che mi frenò dal rincarare la dose: ho davvero rischiato di fare una pessima figura con il mio cliente. Mi chiese una mail di riepilogo.

Spedii la mail a inizio ottobre, il pagamento del saldo scadeva a fine ottobre. Non mi rispose. Di lì a poco arrivò invece un decreto ingiuntivo immediatamente esecutivo con pignoramento presso terzi e il pignoramento dell'ufficio. Ero furente. Chiamai il mio avvocato ma non mi ero resa conto di quella dicitura: «immediatamente esecutivo». Cosa avevo combinato? Purtroppo nel contratto c'erano le classiche clausole microscopiche in base alle quali io potevo contestare, ma prima dovevo comunque pagare. Quella clausola,

il furbetto, la mise dove va posta la seconda firma e nel mio contratto non l'avevo. Feci causa e la vinsi, ma il vero problema fu nell'immediato. Mi ritrovai persa: avevo i conti correnti bloccati e i clienti prima di pagare me avrebbero dovuto pagare lui per via del pignoramento verso terzi. Il punto era che io non volevo assolutamente pagarlo e non volevo accettare il suo ricatto.
Cosa fare? Decisi di svuotare i miei conti, pagai i miei dipendenti e diedi i soldi alla mia commercialista per pagare le tasse. Chiamai tutti i clienti presso i quali fu fatto il pignoramento e chiesi di non essere pagata. Il cliente, che ovviamente era a conoscenza di tutto, fece una relazione dettagliata dell'accaduto spiegando tutti i problemi che avevamo dovuto fronteggiare. Alla fine il tour operator non trovò i soldi. In più, bloccai l'immediata esecutività e iniziò la battaglia legale. Nel frattempo mi recai di banca in banca per aprire un conto ma nessuna me lo permise: io avevo solamente bisogno di un conto sul quale far convogliare i pagamenti, per poter continuare a lavorare, non chiedevo prestiti o libretti degli assegni.
Niente da fare.

RELAZIONI E VERGOGNA

Nella vita, i "casini", spesso capitano tutti insieme.
Il "sistema" mi aveva fatto quasi sentire una ladra. Avevo la sensazione che tutti mi guardassero con quell'espressione strana per farmi capire che senza un contro corrente aperto oggi non puoi lavorare.
In questa situazione, così come in tante altre in cui mi sono ritrovata, sarebbe stato facilissimo cedere. Invece no. Non cedetti.

QUANTO SONO IMPORTANTI LE RELAZIONI?

QUANTO È IMPORTANTE PARLARE SENZA VERGOGNA? È QUESTO CHE MI HA SALVATA.

Trovai tante persone che, al di là degli sportelli, dei computer, dei dati, dei bilanci e dei giudizi, apprezzarono la mia ***determinazione*** e ognuno di loro, che non finirò mai di ringraziare, mi permise di risolvere tutto e ripartire.

ECCO CHE TORNA PER L'ENNESIMA VOLTA SCHUMPETER. **DISTRUZIONE E CREAZIONE, PER DIVENTARE PERSINO PIÙ FORTI DI PRIMA.**

Di nuovo, i casi della vita: mi imbattei casualmente in un mio amico di infanzia che lavorava in una banca sul Lago Maggiore, gli raccontai la mia difficoltà e mi disse che davvero non capiva qual era il problema. In un baleno, mi fece aprire il conto corrente presso la banca dove lavorava. ***Ancora una volta le relazioni mi vennero in soccorso.*** Il mio amico non fece nulla di strano o di illegale: semplicemente fece il suo lavoro.
In tutto questo caos, feci la leggerezza di non preoccuparmi del decreto di pignoramento del mobilio poiché venni rassicurata che non sarebbe mai andato in porto. Errore. Mentre mi trovavo fuori Milano con la mia famiglia mi chiamarono in lacrime dal mio ufficio dicendo che l'ufficiale giudiziario e sette facchini stavano letteralmente svuotando la sede, portando via computer, hard disk, mobili... Una situazione da Far West, un'azione di una violenza unica che rischiò davvero di farmi fallire.

Alla fine della vicenda, in tribunale vinsi la causa: ebbi ragione nel merito, quindi il tour operator mi scontò la cifra che chiedevo, ma non ricevetti i danni di immagine perché il cliente, in fin dei conti, non l'avevo perso.

ESPERIENZA IN AZIONE

Alla fine di questa storia ci ho guadagnato da un lato il rispetto di tutti e dall'altro ho dimostrato che, agendo e dandosi da fare, una soluzione si trova sempre.
Agire è la chiave per tutto, disperarsi e lamentarsi non porta a nulla.
Questo è stato il periodo che mi ha rafforzata maggiormente: ho dimostrato che so difendere il mio cliente davanti a tutto e che ho un grande rispetto dei soldi che ha investito. Non solo: non ho fatto pagare ad altri le conseguenze delle mie azioni e i miei dipendenti non hanno perso nulla. Nonostante tutto, è stata una grande lezione di vita.
Se non tradisci la fiducia delle persone, un errore si perdona sempre.
La malafede, quella no.

MATTEO SALVO

MATTEO SALVO

LE MAPPE MENTALI E LA SPENSIERATEZZA

Qualche tempo fa gestivo ***Mauro Rosati***, presidente di Qualivita, organizzazione senza fini di lucro che si occupa di valorizzare e tutelare il settore agroalimentare di qualità e le produzioni Dop e Igp.
In tempi non sospetti mi disse che lo street food avrebbe preso piede sempre più: creammo così la prima *Guida al miglior cibo di strada italiano* e la proponemmo alla casa editrice Gribaudo. Chiamai Massimo Pellegrino, direttore editoriale Gribaudo, che decise di pubblicarlo. Iniziò con Pellegrino e il suo team un rapporto umano molto interessante. Un giorno mi disse che aveva scoperto un personaggio incredibile, che pubblicava con Gribaudo dei libri su come imparare l'inglese velocemente grazie alle mappe mentali. Mi disse che questo personaggio, ***Matteo Salvo***, aveva bisogno di una mano a livello di comunicazione e me lo presentò. Matteo abita a Pinerolo, è una persona un po' timida, sembra l'amico della porta accanto e non era certamente un personaggio noto. Me lo presentò un giorno a pranzo. ***Matteo è un ragazzo che va dritto all'essenziale delle cose, un uomo senza fronzoli. Mi ha ricordato mio marito: uno che guarda alla sostanza.***

Matteo era convinto di avere la ricetta per migliorare la qualità della vita delle persone attraverso i suoi metodi, ma aveva anche voglia di farlo sapere al mondo in fretta perché probabilmente era portato a paragonarsi a start up un po' particolari e diverse dal suo *core business*.

Il fatto è che se ti paragoni a chi ha costruito una strada che ha dei presupposti diversi da quelli della tua, non è detto che lo stesso modello debba per forza funzionare su di te.

Questa persona mi incuriosiva molto: gli domandai come mai avesse deciso di specializzarsi nei metodi di memorizzazione. Cosa gli era scattato, dentro? In Cina questi personaggi sono chiamati *mental athlete*, da noi invece spesso sono paragonati a "fenomeni da baraccone" o "superdotati". Partendo proprio da questo presupposto, ovvero da come le persone percepiscono questa categoria di personaggi, compresi che non si doveva fare l'errore di paragonare Matteo a un "fenomeno" da *Show dei record* perché sarebbe stato come affermare che era davvero dotato di poteri particolari e che nessuna persona "comune" avrebbe mai potuto emulare le sue performance. Matteo mi raccontò che era un grande appassionato di motori e che il suo allenatore gli insegnava a migliorare le gare, per esempio studiando l'entrata in curva, mappandola prima di affrontarla per capire il margine di miglioramento e dunque risparmiando secondi e centesimi preziosi. Mappare, prevedere e organizzare mentalmente, dando delle priorità per ottenere il risultato migliore: Matteo è partito proprio da qui, da come lavorare quel 20% per avere l'80% del risultato.

UN METODO DI STUDIO

Il padre di Matteo, siciliano e grandissimo lavoratore, si è trasferito in Piemonte ed è riuscito a far laureare tre figli. Matteo si è laureato in Ingegneria meccanica proprio per la sua grande passione per i motori. Purtroppo aveva molte difficoltà ad affrontare gli esami e a passarli. Un giorno si è chiesto se c'era qualcuno che avrebbe potuto insegnargli un metodo di studio simile a quello che gli aveva insegnato il suo allenatore. Ha scoperto, così, le tecniche di memoria: per non perdere tempo si è rivolto al numero uno di questo particolare settore, **lo psicologo inglese Tony Buzan**, la persona che in assoluto ha dato il maggior contributo al campo delle metodologie di apprendimento rapido grazie alle mappe mentali. ***Oggi Matteo Salvo è il primo istruttore certificato da Tony Buzan per insegnare le mappe mentali in Italia.***

La storia di Matteo Salvo mi ha affascinata moltissimo. Mi ha conquistata con queste parole: «Se noi riusciamo a ottimizzare il tempo che dedichiamo allo studio o a fare la spesa, senza diventare maniacali, pensa a quanto tempo potremmo dedicare alla spensieratezza...».

I bambini sono spensierati, non se ne rendono conto, ma sarebbe bello continuare a essere un po' spensierati anche da adulti. La vocazione di Matteo era quella di trasferire il suo metodo agli altri per far capire loro quanto è efficace; metodo che l'ha portato a vincere il campionato regionale, e poi nazionale, di memoria. ***Matteo applica i suoi metodi nella vita di tutti i giorni***: è un triatleta e quando prepara una gara mappa tutto il percorso, perché il cervello deve essere allenato a comportarsi nel modo giusto. Così, quando capita un imprevisto, il cervello ha già un piano B o C da mettere in pratica: le mappe mentali servono anche a questo, non solo allo studio o al mondo del lavoro.

IL POSIZIONAMENTO DI MATTEO SALVO

Molti mental coach speculano sulle debolezze delle persone e non sono percepiti in modo positivo: questa tipologia di "formatore" non è ben vista dalle aziende. Abbiamo così pensato di spostarci sul mercato degli studenti, che hanno davvero una grande necessità di imparare un metodo di studio. Se poi i genitori sono contenti del lavoro fatto dai loro figli e li vedono migliorare sarà naturale che vogliano proporre il metodo di Matteo alle aziende in cui lavorano. È quello che è successo ed è quello che sta succedendo.
Insieme a Matteo abbiamo creato i Memo Kid Camp.
Matteo ha l'ambizione di crescere imprenditorialmente, ma non con la brama del denaro (cosa che apprezzo molto e mi accomuna a lui): al contrario, reinveste per migliorare la qualità della sua vita e poter stare meglio.
Matteo ha un grande dono: usa un linguaggio molto semplice, sia se parla con i bambini che con gli amministratori delegati. E ***riesce a far capire quanto sia importante ottimizzare il tempo che dedichiamo al lavoro o allo studio.***
Ho sempre pensato che la semplicità sia figlia dell'intelligenza.

LA DIGITALIZZAZIONE SPESSO CI PORTA A NON TENERE IN ALLENAMENTO IL MUSCOLO PIÙ IMPORTANTE DEL NOSTRO ORGANISMO, OVVERO IL CERVELLO. USARE LA DIGITALIZZAZIONE PER RISOLVERE I PROBLEMI SENZA

SFORZARSI DI USARE IL CERVELLO È UN DISASTRO PER LA NOSTRA MENTE CHE, AL CONTRARIO, VA TENUTA ALLENATA CON LETTURE ED ESERCIZI.

INCONTRI INASPETTATI

Matteo è entrato a far parte della mia vita. Se viene a casa mia, balla con mia figlia e interagisce con noi come se ci conoscesse da sempre. Nel rapporto con le persone sa mettersi allo stesso livello di coloro con cui dialoga: con i bambini torna bambino, con gli adulti è un adulto.
Un giorno mia figlia Giulia doveva scrivere una storia per la scuola, divisa in cinque capitoli. L'ha chiamata *Incontri inaspettati* e ha inserito le sue due maestre, poi **Matteo Salvo, Massimiliano Sechi e Raffaele Tovazzi.** Di Matteo ha scritto: «All'inizio non mi stava tanto simpatico, però mi sono chiesta come mai a mia mamma piaceva, poi l'ho conosciuto meglio e mi ha insegnato tante cose». Ho mandato a Matteo le parole di Giulia e lui le ha risposto con un tema scritto a mano, come se fosse stato anche lui un bambino alle prese con un compito di scuola, in cui le raccontava come lui aveva interpretato la sua amicizia con lei.

Massimiliano Sechi e la filosofia #noexcuses

La tua felicità dipende da te. Senza scuse. Questo è lo stile di vita e il metodo di Massimiliano Sechi. La sua condizione fisica e l'ambiente in cui è cresciuto lo hanno portato a superare ostacoli ritenuti impossibili. La sua disabilità lo aveva indotto a isolarsi dal mondo e a rifugiarsi nei videogame perché si sentiva "diverso", ma poi ha capito che poteva davvero costruirsi una vita migliore. Come? Cercando di non fermarsi alla disabilità, ma rendendosi conto che avrebbe potuto fare comunque tante cose, "senza scuse": mangiare il sushi con la fidanzata, portare a spasso il cane, chattare con gli amici, guidare la macchina.

«Io ogni giorno mi conquisto la mia vita migliore» dice Massimiliano Sechi. #noexcuses, il suo stile di vita oltre che il suo metodo, ci spiega che la chiave per ottenere successo sta nel prendersi la piena responsabilità delle proprie emozioni e dei propri risultati. «La tua felicità dipende da te».

Massimiliano è diventato campione del mondo negli eSport ma anche una guida per centinaia di migliaia di persone. «La mia missione è quella di ispirare e guidare, con coerenza e professionalità, persone e professionisti a raggiungere la vita che desiderano e meritano, partendo dalla propria unicità e dal non avere scuse». Nel 2018 è stato insignito dell'Onorificenza al Merito della Repubblica Italiana dal Capo dello Stato, Sergio Mattarella, «per il suo encomiabile esempio di reazione alle avversità, spirito costruttivo e impegno sociale».
Reazione alle avversità, spirito costruttivo e impegno sociale sono tutti elementi che dobbiamo fare nostri.

SUPER BRAIN

Matteo Salvo prepara i concorrenti che partecipano al programma televisivo *Super Brain*. Un concorrente doveva preparare una prova legata al mondo del calcio: si trattava di imparare gli schemi dei movimenti di ciascun calciatore durante la partita e riconoscere di chi si trattava. In tutto erano una ventina di partite della Juventus, per undici giocatori, per un totale di oltre 200 schemi. La prova consisteva nel guardare lo schema, capire chi era il giocatore e di quale partita si trattava. Il concorrente che doveva sostenere la prova si rifiutò di farla per questioni di tempistiche (gli schemi arrivarono tardi). Matteo mi disse che doveva risolvere questo problema e sapendo che mio figlio Filippo è un grande tifoso della Juventus mi chiese se Filippo poteva essere coinvolto nella prova. Dal momento che aveva già fatto dei corsi con Matteo la cosa poteva funzionare, ma lasciai decidere a Filippo. Ero perplessa poiché pensavo che Filippo fosse troppo emotivo per una prova del genere. Matteo, però, mi disse: «Tuo figlio non è emotivo, è solo riservato e ha bisogno di sentire la vostra fiducia di mamma e papà». ***In quel frangente Matteo ci ha dato un grande insegnamento e ci ha permesso di conoscere meglio nostro figlio.*** Filippo accettò di partecipare e di mettersi in gioco, gestendo benissimo la sua emotività: non è semplice, a 13 anni, affrontare una prima serata in televisione. Matteo preparò Filippo per un paio di settimane, insegnandogli il metodo per memorizzare gli schemi. E alla fine mio figlio vinse la puntata di *Super Brain*.

ESPERIENZA IN AZIONE

Quando scopro qualcosa che mi fa bene e che mi soddisfa, come gli incontri (belli) che mi capitano nel corso del mio lavoro, cerco sempre di metterlo a beneficio della mia famiglia.

L'IMPORTANZA DI "ANTICIPARE"

Il mio lavoro nella comunicazione mi ha sempre portata a essere premonitrice e a scovare delle "chicche" o delle novità prima che il mercato le scoprisse. Per questo, quando conobbi Matteo Salvo, pensai di farlo conoscere immediatamente a Gian Maria Mossa. Andammo a pranzo insieme e Matteo raccontò, con molto entusiasmo, che si era comprato un piccolo trattore per lavorare la terra nel giardino di casa sua. Sono certa che in quell'istante conquistò Gian Maria. Disse: «Se devi trasferire

un concetto alla mia squadra, devi essere te stesso: ognuno di noi si deve poter identificare con te, per questo non devi essere l'eroe inarrivabile che dall'alto del suo trono dice "io ce l'ho fatta perché sono il più figo del mondo"».
Gian Maria ha compreso immediatamente il valore di Matteo, ed esattamente come il suo predecessore ha voluto portare valore tra le persone con cui lavora, non "fuffa": ha voluto patrimonializzare questa relazione a beneficio dei suoi consulenti, dei suoi clienti e dei figli dei clienti.

ESPERIENZA IN AZIONE

È davvero importante, oggi più che mai, lavorare con persone che sappiano ascoltare e che siano oneste intellettualmente. Questo permette loro di non avere paura di essere giudicate se fanno delle scelte coraggiose a beneficio della collettività, in questo caso a beneficio di un'azienda. Saper intercettare delle persone che possono portare valore all'interno del tuo ambiente lavorativo è una dote molto importante, che rende grande un manager.
Quando sei inserito in una grande organizzazione aziendale bisogna riuscire a discernere tra la persona e il ruolo che svolge e mantenere su due binari l'amicizia e il rispetto del lavoro. Nello stesso tempo, un bravo manager, non perde le occasioni quando percepisce che è presente un valore che si può mettere a fattore comune.
Questo è per me è una grande fonte di ispirazione.

IL POTERE DELLE MAPPE MENTALI NELLA GESTIONE AZIENDALE

Gian Maria Mossa, AD di Banca Generali, ha scritto la **pre-*fazione* al libro di Matteo *Salvo*, Il potere delle mappe mentali nella gestione aziendale** (Edizioni Gribaudo, 2019).
Questo è un perfetto esempio per comprendere come sia importante ***mettere le relazioni che abbiamo avuto la fortuna di avere nella nostra vita al servizio della collettività***, a livello aziendale e non solo.
Vi riporto qui il suo intervento.

«Nel mio lavoro mi trovo a processare centinaia di informazioni al giorno. Un fiume di documenti, riferimenti, indicazioni, decisioni, problemi e opportunità che necessitano di riflessione ma spesso anche di rapidità nelle scelte. Ognuno di noi ha sviluppato il proprio metodo di lavoro e approccio di fronte a questa mole di comunicazioni.
Ci siamo sempre più affidati alla tecnologia per archiviare dati e contenuti, per guidare le nostre giornate lavorative e non solo, diventando sempre più schiavi dei nostri *device*. Abbiamo sostanzialmente rinunciato al ricorso della memoria e utilizziamo sempre meno la scrittura come fonte di condivisione e apprendimento. Basta smarrire per poche ore lo smartphone ed ecco che ci troviamo subito persi: a mala pena ci ricordiamo il numero di telefono delle persone più care e subito rischiamo di essere presi da un senso di sconforto perché non più connessi.
Ammiriamo i nostri figli nel maneggiare la tecnologia ma allo stesso tempo siamo preoccupati che questa prenda il sopravvento su di loro e facciamo di tutto per insegnare l'importanza della vicinanza, del dialogo, del gioco e dello sport; ma non abbiamo mai tempo a sufficienza e subito ci sentiamo in colpa per non riuscire a dedicargli il giusto tempo perché anche noi presi (e persi) dal network, dalle mail, dai messag-

gi di WhatsApp ed sms o ancora dalle news o, peggio, dai social. Matteo è tutto ciò che vorremmo per i nostri figli: mens sana in corpore sano.
La prima volta che ho incontrato Matteo sono subito rimasto colpito dalla sua apertura al nuovo. Pronto sempre ad ascoltare e capire, è evidente sin da subito che è sempre alla ricerca di nuovi spunti e che la semplicità, la logica e il metodo sono gli elementi essenziali del suo pensiero. La mente è uno strumento meraviglioso che può accogliere informazioni pressoché infinite purché la si alleni costantemente e la si doti di un approccio.
Matteo è capace proprio di questo, aiutare le persone a tornare padroni della capacità di apprendimento, di riscoprire il gusto di memorizzare ed apprendere sfruttando le tecniche migliori e lasciando grande spazio alla fantasia. In un mondo dove la tecnologia diventa uno dei paradigmi predominanti per competere mi piace pensare al concetto di innovazione non solo applicato al digitale, ma anche, come in una sorta di nuovo umanesimo, alle molteplici opportunità che scaturiscono ponendo l'attenzione sulla centralità dell'uomo e sulle sue potenzialità.
La cura dei bisogni in primis, ma anche l'importanza della formazione per proseguire in modo continuo un percorso di apprendimento continuo che ci guida verso nuovi traguardi, a partire da noi stessi. In questo senso sono ammirevoli l'impegno e la disponibilità di Matteo nel cercare di condividere la sua passione per lo studio e la formazione, o meglio nel superare i propri limiti; perché di questo si parla quando una persona riesce a confrontarsi su livelli sempre più alti d'eccellenza.
A livello personale lo ringrazio per la simpatia, generosità e professionalità nell'esperienza che abbiamo condiviso insieme alla banca. E allo stesso modo gli sono grato per la passione e la dedizione che applica nei corsi che conduce tra i bambini, dove ho avuto l'opportunità di accompagnare anche i miei figli. La capacità di stimolare la fiducia in sé stessi, il contatto con le persone e con la natura, la cognizione del-

le potenzialità e particolarità di ciascun bambino sono un dono che gli va riconosciuto. E che gli auguriamo di diffondere al meglio con la stessa determinazione e la stessa capacità di emozionarsi di fronte alle cose semplici della vita che lo caratterizzano.»

RAFFAELE TOVAZZI

RAFFAELE TOVAZZI

PENSIERO IN AZIONE

Ho sempre considerato Facebook un mezzo per ritrovare persone che non vedevo da tempo. Un giorno, mentre ero in vacanza in Sardegna, pubblicai una foto sui social. Mi scrisse un mio amico del Lago Maggiore, Pietro Ugazzi, che non vedevo da trent'anni: ai tempi aveva fatto il dj alla festa dei miei 18 anni. Non ci sentivamo da decenni, mi propose di incontrarci visto che anche lui si trovava in Sardegna. Ci rivedemmo a Milano dopo l'estate. Oggi si occupa di finanza e vive in Svizzera. Mi disse che, osservando il mio mondo e la mia professione, doveva assolutamente presentarmi una persona, ovvero il suo mental coach: per il suo lavoro, infatti, aveva bisogno di un aiuto per imparare a gestire meglio le relazioni. Iniziò così a parlarmi di ***Raffaele Tovazzi***, il fautore della ***Filosofia Esecutiva***, ovvero del ***mettere i pensieri in azione***, dicendomi che lavorava come *chief philosophy officer* per tante aziende di alto livello della finanza e della Silicon Valley, che lo utilizzavano come filosofo pensatore che permetteva loro di aprire la mente per vedere come sarebbero stati il futuro e i linguaggi utilizzati. Raffaele, uomo di grandissima cultura, è un grande esperto di linguaggi e di programmazione neuro-linguistica. Tra le altre cose, ***crede fortemente nella necessità di introdurre nelle aziende la figura professionale del filosofo, per cambiare la prospettiva da cui guardare le cose e trovare***

così una soluzione proprio dove amministratori delegati o manager, magari, rischierebbero di fallire. Pietro mi disse che Raffaele necessitava di qualcuno che lo potesse gestire e lo aiutasse a diffondere il messaggio che la formazione, per come è stata intesa negli anni passati, è ormai defunta.

IL PRIMO INCONTRO

Finalmente incontrai Raffaele, che vive a Londra con la sua famiglia: tatuaggi sulle braccia, baschetto in testa, stile english, un tipo decisamente particolare. Mi affascinò moltissimo. Mi disse che secondo lui ero la persona giusta per "interpretare" e descrivere la sua persona. Ovvero, un ***filosofo esecutivo***, concetto per niente facile da comunicare. Un "pensatore" che fa della filosofia uno strumento pratico di innovazione, applicando al business gli insegnamenti delle discipline filosofiche. Per fare questo, Tovazzi ha creato appunto Filosofia Esecutiva, una sorta di movimento a metà strada tra filosofia e comunicazione, che si propone di radunare pensatori radicali come lui.

Secondo Raffaele le persone possono cambiare i propri comportamenti in maniera virtuosa solo se ogni giorno, come quando si inizia a innaffiare una piantina, fanno dei piccoli cambiamenti dai quali traggono beneficio e ottengono piccoli miglioramenti. Un concetto estremamente interessante.

In quel frangente, però, travolta da mille progetti, non avevo tempo per poterlo seguire personalmente e per trovare l'intuizione giusta per capire come capitalizzare la sua attività: gli dissi che avevo bisogno di un po' di tempo e gli chiesi di pazientare. Accettò.

«MI SONO SVEGLIATO CON UN SOGNO PER TE»

Mentre stavo organizzando la festa di compleanno per i miei 50 anni, si era sparsa la voce che Alessandro Del Piero forse sarebbe passato a farmi gli auguri. Raffaele è un grande tifoso juventino e chiese a Pietro, il nostro comune contatto, di poter venire alla festa visto che era anche passato già un anno dal giorno in cui ci eravamo incontrati.
Poco dopo la festa, mentre ero in ufficio, mi arrivò un messaggio: su YouTube c'era un video per me. Raffaele aveva registrato un video con Snapchat e mi diceva: ***«Ciao Manuela, questa mattina mi sono svegliato con un sogno per te. Ti voglio portare in un posto dove non porto mai nessuno perché di solito ci vado per pensare»*** e salì su una terrazza del suo appartamento di Londra. «Qui 80 anni fa nasceva Radio Londra, esattamente il 27 settembre 2017. Ma Radio Londra non è stata più aperta. Perché? Il mondo non ha forse bisogno di speranza? Ecco il mio sogno per te: ***voglio fondare con te la più grande media company che produce nuovi linguaggi di comunicazione per dare voce ai tanti talenti italiani nel mondo e portare avanti la mia Filosofia Esecutiva. Vuoi cambiare il mondo insieme a me?»***. Restai di sasso. Lo chiamai e gli chiesi di prendere il primo volo per Milano.

La sua modalità di ingaggio, il video e la decisione di porre la persona al centro, mi stupirono in modo incredibile: restai a bocca aperta davanti alla spontaneità, alla forza e alla grinta di questa interlocuzione. Mi sono sentita una prescelta.

Tempo un mese e nacque la ***Action Media Ltd, la nostra media company con sede a Londra***, il cui claim è ***«Action! Pensiero in Azione»***. Ovvero: non basta solo pensare, ma bisogna anche mettere in pratica, non basta solo sapere cosa fare, ma è necessario anche sapere come farlo. Oggi non è sufficiente imparare metodi, apprendere filosofie o ascoltare guru che ci insegnano come approcciare il mercato, piuttosto dobbiamo ***accompagnare le persone a mettere in pratica un nuovo modo per essere in grado di dominare il cambiamento e non di subirlo.***

«SEI UNA PERSONA CHE DIPINGE RITRATTI DI NOI CONTEMPORANEI»

Quando incontrai Raffaele, mi portò un regalo: una vecchia edizione di *A portrait of the artist as a young man* (Ritratto dell'artista da giovane) di James Joyce, che trovò a Portobello Road. Il libro conteneva una dedica particolare alla quale Tovazzi aggiunse ***«Tu per me sei una persona che dipinge ritratti di noi contemporanei».*** Mi colpì moltissimo. Gli rivelai che stavo scrivendo questo libro e mi disse: ***«Ricordati una cosa: tu non hai ancora capito chi sei...».*** Questa sua osservazione mi lasciò un po' di stucco e mi fece riflettere. Aggiunse: «Il potenziale che hai è molto di più di quello che pensi di avere, per tua natura ti sei sempre "sminuita"». Vero: non ho mai pensato di essere una grande innovatrice nel mondo della comunicazione ma questo ruolo mi viene, in effetti, riconosciuto dagli altri. Me ne vergogno un po', perché penso sempre di dover fare ancora parecchia strada prima di poter dire la mia. In più, sono un'autodidatta, non ho mai imparato teorie di marketing o seguito lezioni di strategie. Però, ***mi sono creata il mio stile di comunicazione***. Questo sì, non posso non riconoscerlo.

Tovazzi a un certo punto mi fece l'esempio di come avevo lavorato sul mio cliente ***Matteo Salvo***, che insegna mappe mentali e tecniche di memorizzazione. «Si tratta di concetti ancestrali: Matteo non ha inventato nulla di nuovo, ma sei riuscita a tradurre il suo lavoro in qualcosa di molto utile per le persone, hai fatto arrivare un messaggio potente» mi disse

Raffaele. Infatti, quando incontrai Matteo Salvo pensai: ***"Se le persone imparassero a sfruttare un metodo di studio*** potrebbero ***avere più tempo da dedicare alle proprie passioni, senza farsi rapire dal digitale, ma continuando ad allenare la propria mente".*** Ragionando su questo tema ho trovato per Salvo un posizionamento nuovo all'interno del quale si è creato un mercato. Se avesse continuato a proporsi come uno che "insegna mappe mentali" sarebbe stato semplicemente uno dei tanti e sarebbe stata una lotta infinita. Invece, per tornare alla metafora di Tovazzi, ***ho cercato di disegnare un ritratto di Matteo, ho capito chi è davvero e come è arrivato a creare le sue mappe.***

Sono sempre stata curiosa di conoscere la storia delle persone, il loro percorso. Un po' come fa il giornalista Federico Buffa quando per capire il fenomeno Cristiano Ronaldo va a vedere con i suoi occhi il luogo in cui è nato e cresciuto.

QUAL È LA NOSTRA POSIZIONE?

Raffaele non si lascia condizionare dai giudizi degli altri e in questo lo trovo molto simile a me. La differenza tra noi, come spesso riconosce, è che lui non sa fare l'imprenditore. Per questo ha scelto di fare il ***libero pensatore***: è tutto concentrato su se stesso, senza costi e strutture da gestire.

Io mai come nel periodo di emergenza da Covid-19 (più comunemente chiamato coronavirus) mi sono resa conto di quanto sia difficile il mestiere di imprenditrice. In questo particolare frangente Raffaele mi è sempre stato vicino, stimolandomi costantemente. Quando è scoppiata la pandemia, Raffaele si è isolato per 15 giorni per provare a ragionare su cosa ci stava succedendo. Mi chiamò e mi disse: ***«Prima eravamo concentrati sul posizionamento, ovvero dovevamo vendere un prodotto o un servizio e dovevamo capire qual era il no-***

stro posizionamento nel mercato. Adesso, con l'esperienza della pandemia, dobbiamo prendere una posizione. Indipendentemente da quando torneremo ad essere vivi (adesso siamo ancora "diversamente" vivi) ovvero quando saremo di nuovo vivi al 100% e potremo tornare alla nostra vita normale, dobbiamo metterci in testa che ***questo nuovo futuro che ci troviamo ad affrontare sarà diverso dal precedente: sarà cambiato tutto. Saranno cambiate le modalità di lavoro, l'approccio, le relazioni. E ci dobbiamo chiedere: io che posizione voglio prendere in questo nuovo mondo? Cosa voglio fare? Che ruolo voglio avere in questo futuro tutto nuovo?»***.

VOICE FIRST

Quando mi confronto con Raffaele è come se avessi la possibilità e la fortuna di avere a disposizione un'enciclopedia condensata in pochi minuti, minuti nei quali riesce a riassumere il risultato delle sue ricerche e della sua visione: mi regala sempre un "concentrato di concetti" che poi rielaboro alla mia maniera. Quello che apprendo da lui, oltre a far crescere me e il mio team, può essere davvero messo in pratica dalle persone.
Diversi anni fa mi disse che la nuova tendenza sarebbe stata il ***voice first***, che la voce sarebbe tornata a essere al centro delle relazioni: se ci si pensa, in effetti, l'udito è il primo senso che abbiamo sviluppato nella pancia materna e la tradizione orale è venuta prima di quella scritta. Successivamente le immagini hanno preso il sopravvento: vediamo troppo e corriamo il rischio di non vedere più niente. Tornare ad ascoltare, invece, funziona. ***Il podcast è figlio della letteratura mentre la radio è figlia della televisione.*** La bellezza di un podcast risiede anche nel fatto che ***non c'è nulla di finto:*** una persona parla e funziona anche se il parlato non è "patinato" e non rispetta dei tempi come accade invece nelle radio, dove per logiche commerciali non si riesce a essere spontanei al 100%.

IL **PODCAST** È UNA MODALITÀ NARRATIVA CHE TI PERMETTE DI **FAR SOGNARE**.

I veri podcast non sono quelli che arrivano dai media tradizionali (TV o radio) ma sono "nativi" per quel mezzo.
Raffaele Tovazzi è molto bravo a fare i podcast: oltre ad aver intercettato la tendenza, è un incredibile podcaster. Il suo *Il buongiorno di Londra* mi ha affascinata per molto tempo: ogni giorno partiva da un aforisma, suggeriva come metterlo in pratica e segnalava un brano musicale a esso abbinato. Questi splendidi podcast si trovano ancora su Spotify. Oggi, invece, i suoi podcast si chiamano *Chi cerca Tova*. Ascoltandoli, non puoi non immedesimarti in quello che dice Tovazzi perché comprendi che le sue sensazioni possono essere le tue. Poi aspetti di sentire la sua reazione e capisci se anche tu hai avuto la stessa emozione o se con il tuo modo di essere hai interpretato diversamente le cose. ***Un flusso mentale stimolante e incredibilmente interessante. Una magia.***

ESPERIENZA IN AZIONE

Perché questo incontro mi ha portato grande valore?

Attualmente Tovazzi affianca diversi capi di multinazionali, che lo interpellano per essere aiutati ad avere una visione sul futuro.

Sta anche preparando un libro che racchiude le 6 regole che le aziende dovranno seguire per affrontare il futuro alla luce del coronavirus È un grande visionario ed è sempre partito mettendo la persona e la relazione

al centro: lo faceva quando si occupava di ridisegnare alcuni paradigmi della comunicazione di alcune aziende di largo consumo, per ristabilire la narrativa che parla al consumatore finale, e lo fa quando dobbiamo stabilire i linguaggi del podcasting e come intervenire nella costruzione dialettica di un podcast.
Tovazzi crea dipendenza: ogni volta che legge una situazione riesce a dare un'interpretazione che ti fa pensare: "Ah, da questo punto di vista non l'avrei mai saputa vedere". Ma parte sempre tutto dall'uomo al centro, poi ci si costruiscono intorno tutte le tecniche e le dinamiche necessarie. A ben pensarci è la psicologia comportamentale, o l'analisi del sentimento, il "luogo" dove si costruiscono tutte le strategie di marketing del mondo... E se questo meccanismo non è chiaro siamo di fronte a strategie palesemente artefatte.
Quando affermo che con i personaggi che ho gestito o con i miei clienti faccio maieutica mi sento molto vicina al modo di agire di Raffaele Tovazzi. Infatti, devo comunicare il personaggio o il cliente così com'è, altrimenti, se devo costringere le persone a fare una determinata cosa imponendola, non c'è autenticità. In accordo con La spinta gentile, del premio Nobel Richard Thaler, io mi sono sempre limitata a trasferire ai personaggi che ho gestito i miei

consigli, poi stava a loro scegliere se metterli in pratica.
Se quello che ti ho fatto vedere è esattamente quello che io voglio comunicarti, sei tu poi che scegli se il mio prodotto (o il mio servizio) corrisponde a quella necessità nei confronti della quale ti ho aperto gli occhi.
Raffaele mi ha aiutata tantissimo. Ancora prima del coronavirus mi diceva: «Siamo di fronte a un nuovo umanesimo rinascimentale dove l'uomo è al centro di un grande cambiamento che ci troveremo ad affrontare, anche, per esempio, nei rapporti con il digitale».
Oggi cerco di usare il digitale per ristabilire una relazione autentica, non solo per connettermi con le persone.

Il digitale deve essere il mezzo con il quale cercare di trasferire agli altri i concetti che vogliamo esprimere. È più faticoso, perché guardandosi dritto negli occhi è tutto più facile. Ma questo è il mezzo che abbiamo a disposizione oggi: motivo per cui non dobbiamo farci usare dal digitale bensì sfruttarlo per i nostri intenti.

UNA CONOSCENZA WIN WIN

Ogni volta che parlo con Raffaele non vedo l'ora di raccontare a qualcun altro il senso della nostra conversazione: realizzo che mi sta aiutando molto e a mia volta vorrei aiutare chi mi sta intorno, in una sorta di energia generativa collettiva. E a Raffaele accade lo stesso con me per quel che riguarda la mia capacità connessa alla "messa a terra" delle cose che mi rac-

conta: in sostanza, lo aiuto a tradurre in "cose pratiche" i suoi pensieri e a ragionare su angolature differenti. ***La nostra è stata una conoscenza win win: nella vita ognuno dei due vive delle proprie attività, ma insieme siamo riusciti a creare valore aggiunto.*** Per essere molto chiari, nessuno dei due si è "attaccato al carro dell'altro", ma piuttosto c'è stata una valorizzazione reciproca, pur mantenendo autosufficienza e indipendenza ciascuno nel proprio lavoro.
Per me è un vero privilegio incontrare persone come Raffaele Tovazzi perché rappresentano un arricchimento costante e prezioso.

RELAZIONE E DENARO, IL DIAVOLO E L'ACQUA SANTA

Quando facevo la personal manager una delle mie difficoltà maggiori era legata al denaro: quando in un rapporto inizia a prevalere la relazione, ecco che il denaro inizia a "stonare". Relazione e denaro diventano un po' come il diavolo e l'acqua santa: mi sembra sempre che il denaro vada a "sporcare" la relazione. Concetto sbagliatissimo. Gestire le persone è un mestiere e guadagnare dei soldi fa parte del DNA di un imprenditore. Raffaele Tovazzi mi ha aiutata a comprendere che nel "conto" bisogna inserire tutto il tempo e le risorse investite per diventare quello che siamo diventati. Mi fece l'esempio di se stesso: «Risolvo un problema a un'azienda in cinque minuti. Il valore che do a loro, quei cinque minuti e non mesi di lavoro, è il frutto di anni e anni nei quali ho dovuto investire su me stesso per diventare quello che sono».
Mi ha fatto riflettere sul fatto che credere in se stessi e fare della propria passione un mestiere, credendoci fino in fondo, col duro lavoro e con il sacrificio, portano a raggiungere questa importante consapevolezza.
L'atteggiamento fa tutto.
Siamo sempre noi a determinare il cambiamento.

«Il mondo che abbiamo creato è il prodotto del nostro pensiero e dunque non può cambiare se prima non modifichiamo il nostro modo di pensare» sosteneva Albert Einstein. E quanto aveva ragione.

ESPERIENZA IN AZIONE

Raffaele mi ha ispirata con la sua Filosofia Esecutiva.
Il mio Pensiero in Azione è un tributo a quello
che mi ha insegnato. La Filosofia Esecutiva
è l'interpretazione di come metti in pratica quello
che le relazioni ti hanno insegnato.
Raffaele mi ha aiutata a osservare e a mettere a frutto
tutte le relazioni che hanno caratterizzato la mia vita.
L'idea di questo libro deriva dalla volontà di "mettere
a terra", nero su bianco e a fattor comune, tutti
gli insegnamenti che ho tratto nella mia vita
e di condividerli con gli altri.
È la Filosofia Esecutiva, baby.

Ed ecco che, a questo punto, nel mezzo della scrittura di questo libro, si affaccia sulla scena mondiale qualcosa che ha stravolto (e stravolgerà) le nostre vite e il nostro modo di vivere: il coronavirus.

COMUNICARE DOPO

COMUNICARE DOPO IL CORONAVIRUS

Sono portata a credere che le aziende e i consumatori, dopo l'esperienza della quarantena legata al coronavirus, non si chiederanno più "*cosa*" ma piuttosto "*come*". Per capirci: ***come*** affrontare la vacanza e non più cosa fare durante la vacanza. Ma anche ***come*** selezionare gli amici, ***come*** affrontare un incontro di lavoro e così via. Dobbiamo dimenticarci dell'aria fritta figlia degli anni Ottanta. Selezioneremo le persone con cui vorremo davvero stare e con le quali uscire a cena o chi far venire a casa nostra. Il fatto di guardarci negli occhi e di mettere al centro la relazione non significa aggregazione di massa ("esisto se vado a tutte le feste", "esisto se sono in certi luoghi perché se non ci sono vuol dire che non conto niente").

CON IL CORONAVIRUS È CAMBIATO TUTTO, MA LA RELAZIONE È DIVENTATA E DIVENTERÀ ANCORA PIÙ IMPORTANTE.

L'IMPORTANZA DI GUARDARSI NEGLI OCCHI

Ho iniziato a scrivere questo libro sostenendo l'importanza di guardarsi negli occhi e di mettere sempre le persone al centro, ed è da qui che è partito il mio modo di fare comunicazione. Per un po' sono stata una voce fuori dal coro. Ma ecco che a un certo punto arriva la ***pandemia*** a sconvolgere le nostre vite e in questa apocalisse, paradossalmente, possiamo comprendere ancora meglio quanto è importante quello che affermavo prima: ***l'importanza di guardarsi negli occhi e di mettere sempre le persone al centro.***

RESTARE CONNESSI NON VUOL DIRE NECESSARIAMENTE COMUNICARE

L'esperienza che ho maturato, e che ritrovate negli incontri fin qui raccontati, consolida e dà ancora più valore al mio modo di vedere la vita: ***la relazione al centro di tutto.*** Ancora di più in questo momento, dopo aver capito ***quanto siamo stati a disagio chiusi in casa, senza relazioni, parlandoci solo via cellulare o via computer, e quanto ci sono mancati gli abbracci, gli incontri, il guardarci negli occhi, le strette di mano.*** Non ci è mancata la connettività, durante la quarantena, ma la connettività non basta perché ***restare connessi non vuol dire necessariamente comunicare.***

Il periodo di quarantena ci ha fatto capire che il digitale ci permette di restare connessi, ma tra lo stare connessi e comunicare c'è una grande differenza.

La tecnologia è un mezzo che ci deve aiutare a risolvere un problema quando c'è, ma non deve sostituirsi alla relazione umana. Nel periodo di quarantena la tecnologia ha "tamponato" il problema dell'impossibilità di aggregarsi e di vedersi. Per questo d'ora in avanti ***la qualità di quello che facciamo diventerà ancora più importante della quantità di cose che si faranno.***

ESPERIENZA IN AZIONE

La quarantena ci ha insegnato che non basta utilizzare i sistemi di videochiamata per comunicare: sono invece necessarie qualità e creatività per tenere le persone non semplicemente collegate in streaming bensì "connesse".

L'IMPORTANZA DEI CONTENUTI

Ci avrete fatto caso durante la quarantena: se da un evento o da una trasmissione televisiva o radiofonica si tolgono l'ospite famoso e tutti gli orpelli, si capisce immediatamente se quella trasmissione ha davvero qualcosa da dire o se dentro quel contenitore c'è il nulla cosmico.

Oggi più che mai vivrà e resisterà chi ha davvero dei contenuti. Il mondo che ci siamo creati prima del coronavirus, dove sembrava che fosse figo chi ha più soldi o più follower, è crollato. Oggi devono contare di più la qualità e il contenuto, non il contenitore.

Quegli eventi mirabolanti che cercano di coprire la mancanza di contenuto con gli orpelli e i fuochi d'artificio non si faranno più, a favore di quelli dove c'è davvero qualcosa da dire e da comunicare.

Fino a ieri abbiamo "mascherato" con degli stratagemmi chi non aveva nulla da dire. Chi pensava che bastasse l'esteriorità per avere un ruolo, anche se non si aveva niente da dire, si era illuso.

LEGGERE, DOCUMENTARSI, AVERE DEI CONTENUTI, AVERE UN'AUTENTICITÀ: QUESTO FA LA DIFFERENZA. OGGI PIÙ CHE MAI.

L'uomo per cambiare ha bisogno di prendere paura. Non siamo noi che dobbiamo salvare la Terra, siamo noi che dobbiamo salvarci dalla Terra! Questo coronavirus potrebbe essere visto come la reazione del pianeta che si è davvero stufato dei suoi abitanti che non l'hanno saputo rispettare.
Non immagino il periodo post coronavirus come un ricominciare ma come un nuovo inizio. Se non abbiamo imparato la lezione, se non abbiamo capito che bisogna rispettare le regole, che dobbiamo essere autentici e ***mettere le relazioni al centro (e non gli interessi)*** ritorneremo uguali a prima e ritornerà un altro "coronavirus" a darci un'altra "legnata".
Faccio un esempio: con la mia famiglia ho costruito una relazione. Ecco perché, pur costretti in casa, in quarantena siamo andati d'accordo e non ci siamo scannati. La relazione resta e c'è sempre, qualsiasi cosa succeda.
Se hai costruito delle relazioni ***vere*** ti salvi, se non le hai sapute costruire diventa tutto "morte tua, vita mia" e ognuno pensa per sé.
Certo, mantenere una relazione è più faticoso che conoscere le persone punto e basta. Un conto è conoscere tanta gente, un altro è avere una relazione con queste persone. È impegnativo. E in questi anni ci siamo illusi di avere tante, tantissime relazioni che invece erano solo semplici conoscenze... ***Abbiamo scelto, sbagliando, una scorciatoia.***

Nella mia vita quante persone come Marco Pantani ho incontrato riuscendo a riconoscerle? Tantissime. Tutte persone simili a Marco, con i suoi stessi valori, che sono riuscita a "vedere" proprio grazie alla relazione che ho avuto con lui. E che mi hanno lasciato qualcosa. Altre, invece, sono delle semplici conoscenze.

SEGUIRE L'ISTINTO

Come ho spiegato, non sono andata all'università a studiare marketing per poi applicare le regole imparate a quello che facevo. Piuttosto, ho ascoltato il mio istinto e mi sono costruita il mio concetto di marketing "personale" su quello che sono veramente, perché non sono capace di essere diversa da quella che sono.
Anche con l'emergenza coronavirus ho seguito il mio istinto: per prima cosa, la salvaguardia dei ragazzi del mio team. Mi sono chiesta come fare a dar loro la voglia di lavorare da casa da soli, di non mollare. Ho cercato di ***fornire loro un obiettivo,*** chiedendogli di provare a immaginare il nostro nuovo futuro di agenzia di comunicazione. Perché siamo parte di una squadra.

LA LIBERTÀ VIENE PRIMA DI TUTTO

Oggi è fondamentale la libertà di espressione, la libertà di fare delle scelte che non siano condizionate solamente da interessi perché ci siamo resi conto che un "piccolo" virus in un mese ha messo in ginocchio il mondo. Il mondo!
Mi chiedo: ma come è possibile che crolli l'economia se stiamo fermi alcune settimane? Alcune settimane, non un tempo infinito...
Se sei libero di fare quello che ti senti, hai e avrai anche tu il tuo spazio. Non è vero che per avere spazio devi rimanere costretto in quello che gli altri ti dicono di fare. Sono sempre stata così: ero da Gerry, sarei stata "protetta" in quella realtà

lavorativa ma ho preferito lasciarla per creare la mia piccola ditta individuale. Una scelta libera. Sono libera, non posso essere costretta a fare delle cose che sono contro la mia natura.

Riuscire a esprimere la propria libertà in epoca pre coronavirus era veramente difficile, adesso invece si è creato il presupposto per lasciare libera l'interpretazione delle persone perché ci siamo resi conto che basta poco per far cadere il castello di carta che avevamo costruito.

Di sicuro, oggi, non c'è niente. Questa crisi tocca tutti, in modo proporzionale, ma tocca davvero tutti noi. Il vero orizzonte, oggi più che mai, è nei confronti di noi stessi: se poniamo la libertà come orizzonte temporale, ci sarebbero molte più eccellenze, piuttosto che gente che si "castra" per adeguarsi a un sistema per diventare "uno dei tanti".

Noi italiani siamo un popolo dalla creatività incredibile e dobbiamo sfruttare questa nostra attitudine: ultimamente, purtroppo, ce ne siamo dimenticati. Ma questa è una grande opportunità da cogliere. E, come nazione, dobbiamo coglierla.

DISTANTI MA NON LONTANI

Il coronavirus ci ha resi distanti ma non lontani. Distanti (o, meglio, distanziati) per gravi ragioni di salute. ***La distanza, però, si può colmare con l'ascolto, da sempre la chiave per crescere e per non smettere di essere curiosi.*** È sempre più importante tenere il collegamento con le persone, che sia tramite un podcast o una videochiamata. ***Le aziende devono diventare sempre più "media" di se stesse, esattamente come noi singoli esseri umani.*** Dobbiamo imparare a comunicare qualitativamente anche in assenza di contatto fisico tra le persone. Adesso che la vita ci impone un'altra modalità narrativa non la dobbiamo sottovalutare: ***in una videochiamata bisogna "bucare" lo schermo e pensare di essere davvero vicini al nostro interlocutore.*** La qualità dei contenuti e il modo in cui moduliamo la voce fanno la differenza: per esempio, ***bisogna imparare a essere sintetici ma efficaci, a catturare l'attenzione***. Sono tutte tecniche di comunicazione che, nel periodo del coronavirus, ci porteranno appunto a diventare media di noi stessi. Un consulente finanziario che deve parlare con il proprio cliente, ma non lo può vedere deve necessariamente ***imparare ad essere efficace via Skype tanto quanto lo è di persona***, viceversa vuol dire che non si è adeguato all'evoluzione della modalità narrativa. ***Sempre di più la relazione deve essere messa al centro.***

QUARANTENA CON LE CUFFIE: IL SUCCESSO DEI PODCAST

Durante la quarantena è cresciuto l'utilizzo dei file audio *on demand*. Prima si ascoltavano passeggiando, guidando o correndo, poi in epoca di isolamento domestico si sono rivelati una vera e propria alternativa ai video, per apprendere, intrattenersi, scoprire qualcosa di nuovo. Il podcast è una tecnologia intelligente, che permette di scaricare file audio da ascoltare su smartphone e pc: i contenuti sono di tutti i generi e le tipologie possibili e anche le durate sono variabili, super brevi o da un'ora. Il podcasting sta diventando un media emergente, ma quando un paio di anni fa ho iniziato a parlarne alle aziende, facevo fatica a far capire loro quanto può essere utile alla comunicazione. È più libero e mirato della radio e si declina in diversi modi.

FELICE BOGA

FELICE BOGA

QUANDO IL PENSIERO SUPERA IL GESTO

Nella mia vita non ho mai fatto passi più lunghi della gamba. Recentemente, però, mi sono resa conto che avevo bisogno di un ufficio più grande. L'ho trovato, ed è un luogo che trasuda ***le mie relazioni***. Quando ho deciso di lasciare la vecchia sede dopo trent'anni, ho voluto cercare uno spazio molto più grande rispetto alle mie reali necessità, in modo da poterlo sfruttare come sede degli eventi della mia agenzia. Un giorno incontrai ***Carmelo***, un grande imprenditore che divenne mio cliente ma soprattutto amico (tanto per non smentirmi). Sapeva che avevo una grande ambizione e mi segnalò lo spazio di via Seprio, quello che poi ho scelto come sede della mia attività, ma pensai che fosse davvero troppo. Appena vi entrai per un sopralluogo, però, me ne innamorai: il bello mi ha sempre affascinata e anche questa volta fu un colpo di fulmine. ***Pensai che il bello genera bello così, con un po' di sacrifici, mi decisi a ristrutturarlo.*** Carmelo fu determinate: nella segnalazione, nella scelta, ma soprattutto nell'aiutarmi a ristrutturarlo. Seguì i lavori giorno dopo giorno come se fosse suo. È stato riconoscente perché io, con lo stesso amore, avevo seguito uno dei suoi tanti progetti, Acquasalis, una startup innovativa. Si tratta infatti del primo "sale non sale", una soluzione iposodica che permette di dare sapore ai cibi senza nuocere alla salute. Se penso a Carmelo, con il quale tuttora condivido gioie e dolori su tanti progetti, penso al valore della parola ***riconoscenza***.

MIA NONNA NATALINA,
LA MAMMA DI MIO PAPÀ,
MI DICEVA SEMPRE:
«NON FARE DEL BENE
SE NON SEI IN GRADO
DI SOPPORTARE
L'INGRATITUDINE!».

Quante volte mi ritorna in mente questa frase soprattutto ultimamente a causa di una grande delusione di amicizia e di lavoro.

Oggi la sede della mia attività rappresenta il concentrato di relazioni che ho costruito negli anni con i miei clienti che, prima di essere clienti sono PERSONE e come tali hanno saputo restituirmi l'amore che io ho sempre cercato di mettere nel mio lavoro, senza aver paura degli stereotipi e certa che la RELAZIONE SANA è portatrice del bello. «La bellezza salverà il mondo» affermava il principe Myskin ne L'idiota di Dostoevskij (reminiscenze della letteratura russa che ho studiato all'Università).

A proposito di "bello": oltre a Carmelo che ama il bello e mi ha trovato Palazzo Scalini, la sede è stata valorizzata anche grazie a un altro incontro davvero speciale.

LA TELEFONATA DEL "FALEGNAME" DI TRADATE

Un giorno ricevetti una strana telefonata: «Buongiorno, sono **Felice Boga**, un falegname di Tradate. Arredo case in giro per il mondo, ma a Milano non mi conoscono. So che lei è molto stimata nel mondo delle pubbliche relazioni e volevo invitarla a vedere la mia azienda». ***Ecco, francamente non so quante persone che ricevono una telefonata del genere si precipitano effettivamente a Tradate. Io lo feci. O meglio: la mia curiosità mi spinse a farlo.***
Presi un treno, in stazione trovai ad attendermi una limousine con l'autista che mi portò a Tradate, davanti a un palazzo che sembrava una nave da crociera: era la sede di **Habitare dei Fratelli Boga**, imprenditori e artisti che dal 1979 seguono l'orma del padre progettando e realizzando arredi di design che esportano in tutto il mondo. Iniziai a visitare l'azienda: mi sentivo come Alice nel Paese delle meraviglie...
Ho avuto la sensazione che qualcuno, da lassù, abbia fatto di tutto perché io incontrassi la famiglia Boga proprio in quel preciso momento, quando ero alle prese con il cambio di ufficio e stavo appunto trattando il prezzo d'affitto dei nuovi spazi. Felice Boga, insieme alla moglie architetto, mi fece vedere gli ambienti che realizzava. Tra un arredo e l'altro spuntavano opere d'arte, da Fontana a Giacometti, da De Chirico a Michelangelo. Poi collezioni di macchine, tappeti, quadri, persino i resti di una città indiana. ***Tutto era collocato negli spazi con un'armonia e un gusto rari***.
I Fratelli Boga sono anche grandi collezionisti di opere d'arte e la loro collezione privata annovera Rodin, Manzù e molti altri. Uno dei fratelli è un artista di fama internazionale e tutti insieme gestiscono *The Boga Foundation*, fondazione nata per valorizzare e rendere pubblico il materiale costituente la concreta testimonianza dell'attività culturale, artistica e professionale dei Fratelli Boga e di altri artisti.

Boga aveva bisogno di una persona che lo aiutasse nelle pubbliche relazioni e mi chiese un preventivo. In quel momento non ho pensato a una cifra ma gli dissi che avevo capito perché non avevano mai aperto uno showroom a Milano: il loro lavoro non si può semplicemente "collocare" in uno showroom. Nella filosofia dei Boga, il vero lusso non è avere in casa un brand di tendenza ma avere la "propria" casa, ovvero uno spazio che rispecchi la personalità di chi la abita. Gli proposi di arredare i miei nuovi uffici e di farli diventare il Boga Space. La nostra è una palazzina dei primi del Novecento con uno stile eclettico: gli ex proprietari di questa villa giravano il mondo. Questi spazi ospitano dagli affreschi del Chini alla statua del Buddha: era una vera sfida riuscire ad arredarli come uffici lavorativi rispettando il bello e rendendolo funzionale. ***Felice Boga è riuscito a vincere questa sfida, con una passione e un lavoro encomiabili, oltretutto recuperando e riadattando tutti i mobili dei vecchi uffici. Un mago.***

GLI OCCHIALI DI GANDHI

Dopo essere stata nella sede di Habitare, tornai in ufficio ma non riuscii a spiegare ai miei collaboratori la realtà che avevo visto. Non ero entrata in un banale showroom di mobili, ma in un posto magico. L'acca di Habitare è aspirazione, è desiderare: è la casa che desideri. In questo brand i Fratelli Boga hanno messo la loro anima, la loro passione, la storia della loro famiglia.

Il payoff dei Fratelli Boga è: «Quando il pensiero supera il gesto» per sottolineare la superiorità del pensiero rispetto al gesto tecnico.

Pensate che a un certo punto Felice Boga mi chiese: «Vuoi indossare gli occhiali di Gandhi? Anche lui era un grande visionario». Ebbene sì: un paio di occhiali appartenuti a Gandhi si trovano in Italia, a Tradate, nello showroom di Felice Boga. Una situazione surreale... Ma ***mi piace pensare che proprio***

un personaggio come Gandhi abbia segnato la visione della vita dei Fratelli Boga.
Felice Boga ha realizzato il mio nuovo ufficio proprio come piace a me: mi sento dentro un ambiente che mi rispecchia. Il lavoro di Boga parte dal legno e dal concetto di "cucirti la casa addosso", ma la sua cultura internazionale ***e l'incredibile capacità di mixare stili, arte e bello lo rendono unico sul mercato.***
Felice Boga arreda per creare relazione, non per dare etichette o definire gli spazi rigidamente. In questo "flusso creativo" è importante ascoltare e osservare l'altro: quando ci siamo incontrati indossavo un cappello di paillette e Boga ne ha tenuto conto quando si è trattato di "arredare" il mio spazio.

QUANDO UN CONSULENTE
FA LA DIFFERENZA?
QUANDO CON IL SUO CLIENTE
HA UNA RELAZIONE DI FIDUCIA.
SE MANCA LA FIDUCIA
NON VAI DA NESSUNA PARTE.

IL SENSO DI ONNIPOTENZA

Jeff Bezos, il fondatore di Amazon, uno degli uomini più potenti del pianeta, un paio di anni fa a una convention globale di Amazon ha detto: «Amazon non è troppo grande per fallire». Questa sua affermazione ha creato un certo subbuglio e ha persino fatto crollare il titolo in borsa. Bezos ha spiegato il perché delle sue parole dicendo ai suoi dipendenti: «Se iniziamo a concentrarci su noi stessi invece di concentrarci sui bisogni dei nostri clienti, questo sarà l'inizio della fine». Le grandi aziende, infatti, una volta arrivate a un certo livello, si autocelebrano e pensano di essere invincibili. Sono fermamente convinta che il ***senso di onnipotenza sia uno degli atteggiamenti che, più di ogni altro, sta rovinando l'essere umano:*** chi fa l'imprenditore deve sempre, con umiltà, mettere i bisogni del cliente al centro. ***E questo discorso, a mio avviso, vale anche per le persone che incontri: se vuoi creare un valore con la persona che incontri non puoi prescindere dal capire le sue necessità e i suoi gusti.*** È questo che rende una relazione duratura, anche se si litiga, si sbaglia e ci si scontra.

IL POTERE DELLE RELAZIONI

Felice Boga arrivò a me con il classico passaparola: una persona gli parlò di me e lui mi chiamò. ***È il potere delle relazioni.*** Il bello di questo incontro è che ci stiamo creando valore a vicenda.

«QUANDO IL PENSIERO SUPERA IL GESTO»
PER ME SIGNIFICA QUESTO: LA MIA NUOVA CASA (PERCHÉ È MOLTO PIÙ DI UN UFFICIO) RISPECCHIA TUTTE LE RELAZIONI DELLA MIA VITA.

Volevo che i miei collaboratori potessero lavorare nel bello per generare il bello. E allo stesso tempo che i clienti che vengono a trovarmi, nel corso di una riunione, possano guardarsi intorno e notare che siamo circondati d'arte, dal soffitto alle pareti. Non è esibire, è condividere un'esperienza e far star bene tutti quelli che lavorano con noi. Questa sede racchiude il contributo di molti miei clienti, che sapendo che volevo affrontare questo grande cambiamento, hanno in qualche modo partecipato. ***Per questo dico sempre che l'ufficio non è "mio" ma di tutti i clienti con cui non ho solo lavorato, ma ho anche creato valore.***

ESPERIENZA IN AZIONE

Sono convinta che tutti gli incontri siano importanti.
Se mi chiama una persona e mi dice «Faccio il falegname a Tradate e mi piacerebbe incontrarla» istintivamente potrei pensare che questo tizio, che nella vita fa il falegname, non possa rientrare nei miei interessi.
Invece, sono sempre stata una persona curiosa, spinta dalla voglia di scoprire come mai un falegname di Tradate ha pensato di contattarmi...
Il punto è proprio questo: la vita, o meglio, il destino mi ha mandato il falegname di Tradate ma io ho saputo ascoltare e dare valore alla sua telefonata.
«Quando il pensiero supera il gesto», il payoff dei Fratelli Boga, è esattamente quello che faccio tutti i giorni nel mio lavoro: nell'evento che organizzo, per esempio, per me è più importante condividere delle relazioni con le persone piuttosto che, "banalmente", aver organizzato bene la cena di gala dell'evento.

Sono convinta di una cosa: se dedicassimo più tempo alle relazioni, agli incontri, ad ascoltare con i sensi potremmo creare delle relazioni più durature e più vere. Attualmente lavoro con società di tutti i tipi, dalla banca all'assicurazione e tutti mi ripetono la stessa cosa: l'uomo deve stare al centro. Un assicuratore o un consulente finanziario deve diventare un amico di cui fidarsi: non lo dobbiamo giudicare se ci fa guadagnare o meno perché se siamo ben informati sappiamo che gli investimenti rendono in funzione del mercato. Ecco: se il consulente finanziario sa "educarci" finanziariamente, siamo noi che dobbiamo fidarci di lui.

BE DIFFERENT, MAKE THE DIFFERENCE

ESSERE UNICI E DIVERSI
IN QUESTO NUOVO UMANESIMO
RINASCIMENTALE,
OGGI PIÙ CHE MAI,
CI PERMETTERÀ DI FARE
LA DIFFERENZA PER NOI.
E PER GLI ALTRI.

LE RELAZIONI NON SONO SEMPRE PERICOLOSE,

ANZI, SONO
IL VERO PATRIMONIO
DELLA NOSTRA ESISTENZA.

RINGRAZIAMENTI

Semplicemente **GRAZIE**!

Parola spesso dimenticata,
ma che ci aiuta a capire quanto ogni relazione,
indipendentemente da come va a finire,
sia un arricchimento.

Un particolare grazie ai miei genitori
che mi hanno lasciata libera
di sperimentare la vita.